이현석의 입이 트이는 영어 최고의 스피킹 60

EBS 영어학습 시리즈

이현석의 입이 트이는 영어, 최고의 스피킹 60 - 취미생활 편

1판 1쇄 발행 2023년 5월 31일
1판 2쇄 발행 2023년 6월 10일

지은이 이현석
펴낸이 김유열
지식콘텐츠센터장 이주희 | **지식출판부장** 박혜숙 | **지식출판부 · 기획** 장효순, 최재진, 서정희
마케팅 최은영, 이미진 | **인쇄** 윤석원 | **북매니저** 윤정아, 이민애, 정지현, 경영선

편집대행 롱테일북스 | **책임편집** 강지희 | **디자인** 박새롬 | **인쇄** 우진코니티

펴낸곳 한국교육방송공사(EBS)
출판신고 2001년 1월 8일 제2017-000193호
주소 경기도 고양시 일산동구 한류월드로 281
대표전화 1588-1580
홈페이지 www.ebs.co.kr

ISBN 978-89-547-7751-3(14740)
978-89-547-5387-6(세트)

EBS
영어 학습
시리즈

이현석의 입이 트이는 영어 최고의 스피킹 60 3

취미생활 편

이현석 지음

EBS BOOKS

영어 스피킹 초밀리언셀러

EBS FM 어학 방송 대표 스피킹 프로그램

15년간 출간된 〈입이 트이는 영어〉 180권의 핵심 중의 핵심!

〈일상생활 편〉 〈여가생활 편〉 〈취미생활 편〉 〈한국문화 편〉 〈시사이슈 편〉
총 5권의 시리즈 단행본!
180권 4,300개의 〈입트영〉 최고의 스피킹 주제 300개 엄선!
300개 주제 설명 스크립트, 300개 대화문 수록!
EBS FM 중급 스피킹 진행자 이현석의 15년 원고 집대성!

왜 〈입이 트이는 영어〉에 열광하는가?

지난 15년간 EBS FM의 명실공히 **대표 영어 스피킹 프로그램 〈입트영〉은 한국인에게 가장 최적화된 영어 콘텐츠를 제공**하기 위해 노력해 왔다. 한국 사람들이 일상에서 가장 많이 접하는 생활 밀착형 주제를 원어민의 영어에 가장 가깝게 표현하는 것을 목표로 삼아왔다.

스피킹 영역은 자신이 하고 싶은 말을 하는 것이므로, **스피킹 주제는 무엇보다 평소에 우리가 하고 싶은 말과 주제여야 학습에 더 효과적**이다. 예를 들어, 우리나라에서는 술을 마시면, 대리운전을 부르게 되는데, 이러한 대리운전의 개념은 외국에서는 생소한 개념일 수 있다. 그러나 한국 사람들은 대리운전을 이용한 경험을 영어로 설명하고 싶어 한다. 퀵서비스도 마찬가지이다.

이처럼 **한국 사람들에게 최적화된 스피킹 주제는, 지난 15년간 180권의 4,300개 주제**에 담아 월간지로 출간되어 왔고, 지금도 출간되고 있다. 〈입이 트이는 영어〉 진행자 이현석과 원어민 집필진은 한 권의 월간지 원고를 집필하는 데 월평균 100시간 이상의 공을 들인다. 지금까지 대략 18,000시간 이상을 집필하는 데 쏟은 셈이다.

〈입이 트이는 영어〉 주제는 청취자/독자가 직접 선정한다!

지금까지 〈입트영〉에 수록된 모든 주제는 청취자/독자가 직접 선정했다. 한 달에도 40~50개의 주제가 **〈입트영〉 방송 홈페이지 주제 신청 게시판**에 올라온다. 이러한 주제는 생활 밀착형 주제, 한국 문화 주제, 시사 이슈 주제 등을 총망라한다. 저자인 이현석은 청취자/독자가 신청한 주제를 단 한 개도 빠놓지 않고 읽어 보고, 책에 반영한다.

청취자/독자는 본인이 신청한 주제가 매달 책에 실리는 것을 보고, **영어 표현에 대한 궁금증을 해소시키고, 매우 큰 성취감과 만족감을 느끼게 된다.** 말 그대로 청취자/독자가 지난 15년간 함께 힘을 모아 〈입트영〉 책들을 집필해 온 격이다. 이것이 수십만 명의 애청자가 〈입트영〉에 열광하는 이유이다. 이렇게 영어 학습 주제를 독자가 직접 선정하고, 책의 내용이 100% 그 주제로 구성되는 영어 교재는 대한민국에서 〈입트영〉이 유일하다고 할 수 있다.

누가 〈입이 트이는 영어〉를 이용하는가?

〈입트영〉의 독자와 이용자층은 말 그대로 **전 국민 남녀노소**이다. 영어를 처음 접하는 초등학생, 유학을 준비하는 유학 준비생, 영어 말하기 시험을 준비하는 취준생, 아이를 키우는 엄마, 직장 생활을 하는 회사원, 퇴직하고 취미로 영어 공부를 하는 어르신 등 매우 다양하다. 〈입트영〉 방송 홈페이지에 들어가면 방송을 듣고 공부하는 모습을 담은 수많은 인증샷과 사연이 올라와 있다.

전국에 〈입트영〉을 교재로 **그룹 스터디 모임**을 하는 스터디 그룹은 대략 1,000여 개 이상으로 추정된다. 매월 새로운 주제의 내용이 나오고, 특히 한국 사람들에게 와닿는 내용의 영어 스피킹 표현을 엄선하여 제시하고 있기 때문에, 주제별 영어 스피킹을 위한 스터디 교재로 쓰기에 안성맞춤이다.

〈입이 트이는 영어〉 저자 이현석과 카카오톡 실시간 소통!

〈입트영〉의 저자 이현석은 청취자/독자와 **소통을 잘한다고 정평**이 나 있다. **〈입트영〉 카카오톡 오픈 단톡방**에서 매일 청취자와 소통하고 있고, 단톡방에 올라오는 영어 질문에 대해 정성을 다해 직접 답변한다. 하루에도 적게는 50개에서 많게는 100개 이상의 질문이 단톡방에 올라온다. 전국을 대상으로 하는 방송 진행자가 이렇게 실시간 소통을 단톡방에서 매일 할 수 있을까 하는 의문을 많은 사람이 가지지만, 저자 이현석은 이렇게 이야기한다.

"이러한 소통이 없었다면 지금의 〈입트영〉은 없었을 것입니다!"

오픈 단톡방의 최대 정원이 1,500명이어서 이미 하나의 단톡방은 정원이 마감된 상태이고, 두 번째, 세 번째 단톡방을 만들어서 지금도 소통 중이다. 다음은 〈입트영〉 단톡방 참여 방법이다.

1 오디오 강의 청취

QR 코드를 찍어, 이현석 선생님의 Day별 주제에 대한 소개와 핵심 표현을 설명하는 인트로 강의를 듣는다.

2 Today's TOPIC: 주제와 관련된 내용 숙지

해당 주제에 대한 한국어 해석을 미리 읽고, 영어로 어떤 말을 할지 스스로 브레인스토밍해 본다.

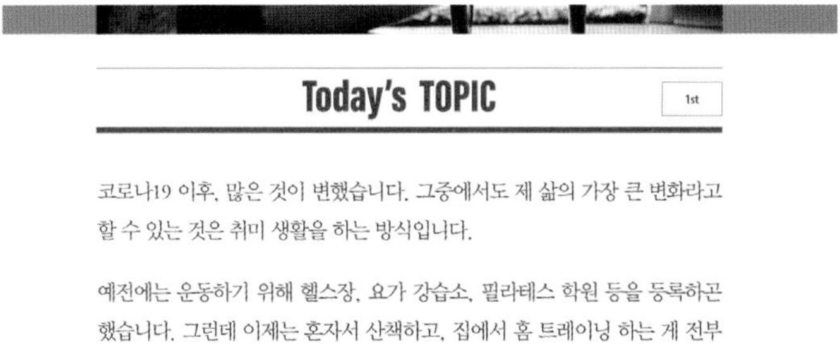
Today's TOPIC

1st

코로나19 이후, 많은 것이 변했습니다. 그중에서도 제 삶의 가장 큰 변화라고 할 수 있는 것은 취미 생활을 하는 방식입니다.

예전에는 운동하기 위해 헬스장, 요가 강습소, 필라테스 학원 등을 등록하곤 했습니다. 그런데 이제는 혼자서 산책하고, 집에서 홈 트레이닝 하는 게 전부

3 KEY EXPRESSIONS: 핵심 표현과 어휘 암기

해당 주제의 스피킹에 필요한 핵심 표현과 어휘를 미리 보며 암기한다.

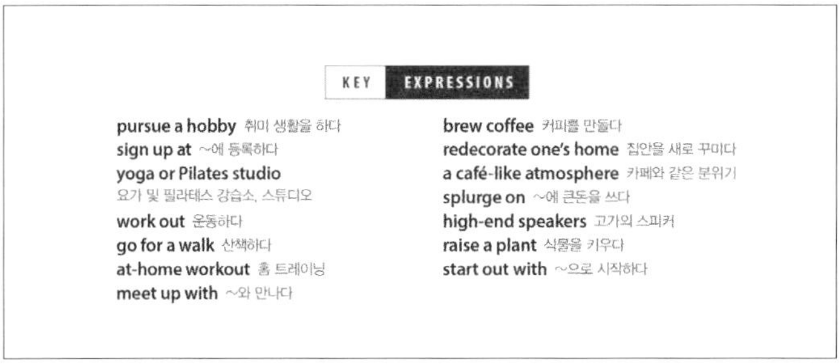
KEY EXPRESSIONS

pursue a hobby 취미 생활을 하다
sign up at ~에 등록하다
yoga or Pilates studio 요가 및 필라테스 강습소, 스튜디오
work out 운동하다
go for a walk 산책하다
at-home workout 홈 트레이닝
meet up with ~와 만나다
brew coffee 커피를 만들다
redecorate one's home 집안을 새로 꾸미다
a café-like atmosphere 카페와 같은 분위기
splurge on ~에 큰돈을 쓰다
high-end speakers 고가의 스피커
raise a plant 식물을 키우다
start out with ~으로 시작하다

4 SPEECH PRACTICE: 본문 내용을 반복해서 청취

음원으로 본문 내용을 최소 5차례 들어 보며 반복 청취한다. 한 문장씩 따라 읽고, 전체 지문을 통 암기하여 낭송 연습을 한다.

SPEECH PRACTICE

Many things have changed since COVID-19. The biggest change in my life has been the way I 001 pursue hobbies.

I used to sign up at gyms and yoga or Pilates studios to work out in the past. But now, all I do is go for walks alone and do 002 at-home workouts.

5 PATTERN PRACTICE: 핵심 패턴 연습

해당 주제별로 제시되는 세 가지 핵심 패턴과 활용 문장을 숙지하고 연습한다.

PATTERN PRACTICE

001 **pursue a hobby** 취미 생활을 하다

The biggest change in my life has been the way I pursue hobbies.
제 삶의 가장 큰 변화라고 할 수 있는 것은 취미 생활을 하는 방식입니다.

It's much easier to pursue a hobby these days because of the internet.

6 DIALOGUE PRACTICE: 대화문 청취 및 연습

음원으로 해당 주제와 관련된 대화문을 최소 5차례 청취한다. 한 줄씩 따라 말하고, 파트너와 대화를 주고받으며 연습한다.

DIALOGUE PRACTICE

A COVID-19 is over, but it **turned our lives upside-down**.
B Sure. A lot has changed.
A I think I **looked back on myself** more than I used to.
B That's right. I **felt the same way**.
A I used to spend a lot of time at home, but not anymore.

7 COMPOSITION PRACTICE: 영작 훈련

마지막으로 해당 주제의 핵심 표현을 이용하여 그날의 영작 훈련을 한다. 영작을 하고 나서는 반드시 정답 문장과 비교해 보고, 정확한 문장을 학습한다.

COMPOSITION PRACTICE

1 나는 아들과 공유할 수 있는 취미 생활을 하고 싶다. (pursue a hobby)

2 이 홈 트레이닝 운동은 네가 생각하는 것보다 힘들어. (at-home workout)

3 나는 강습을 받기 전에 먼저 스크린 골프로 입문했다. (start out with)

4 새로운 도시로 이사하면 인생이 크게 달라질 것이다. (turn one's life upside-down)

ANSWERS
1. I want to **pursue a hobby** I can share with my son.
2. This **at-home workout** is more difficult than you think.
3. I **started out with** screen golf before I started getting lessons.
4. Moving to a different city will **turn your life upside-down**.

8 PATTERNS PRACTICE: 핵심 패턴 180

책의 뒷부분에 본문의 핵심 패턴 180개와 이 패턴을 활용한 문장 540개를 부록으로 제공한다. 한국어를 보고 영어로 바로 말하는, 순간 말하기 훈련에 활용한다.

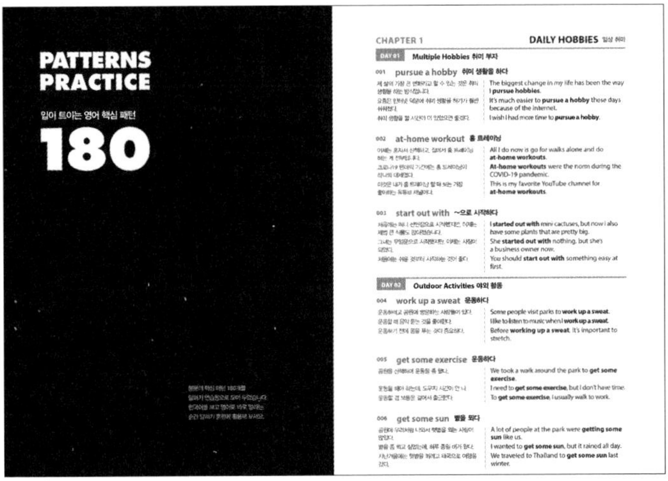

60 DAYS

THE BEST SPEAKING TOPICS IN HOBBIES

CHAPTER 1 DAILY HOBBIES 일상 취미

RELATED QUESTIONS 주제별 스피치 향상을 위한 질문 모음 26

DAY 01 Multiple Hobbies 취미 부자 30

DAY 02 Outdoor Activities 야외 활동 34

DAY 03 Taking Selfies 셀카 촬영 38

DAY 04 Decorating a Room 방 꾸미기 42

DAY 05 Board Games 보드게임 46

DAY 06 Writing in Diaries 일기 쓰기 50

DAY 07 Homemade Coffee 집에서 만든 커피 54

DAY 08 Enjoying Wine 와인 즐기기 58

DAY 09 Reading Storybooks to Children 아이에게 그림책 읽어 주기 62

DAY 10 Cooking 요리하기 66

DAY 11 Going to the Libraries 도서관 가기 70

DAY 12 Learning to Dance 춤 배우기 74

DAY 13 Fortune Telling 운세 보기 78

DAY 14 Reading Comic Books 만화책 읽기 82

DAY 15 Volunteer Work 봉사활동 86

CHAPTER 2 SELF-IMPROVEMENT 자기 계발

RELATED QUESTIONS 주제별 스피치 향상을 위한 질문 모음 92

DAY 16 Self-Development and Personal Growth 자기 계발과 성장 96

DAY 17 Otium 심취형 취미 '오티움' 100

DAY 18 Work and Life Balance 워라밸 104

DAY 19 The "Miracle Morning" 미라클 모닝 108

DAY 20 Time Management 시간 관리 112

DAY 21 Me Time 혼자만의 시간 116

DAY 22 Entertainment 문화생활 120

DAY 23 Reading Habits 독서 습관 124

DAY 24 Book Clubs 독서 모임 128

DAY 25	Studying English 영어 공부	132
DAY 26	Recitation Challenge 낭독 챌린지	136
DAY 27	Study Groups 스터디 그룹	140
DAY 28	Keeping a Blog 블로그 운영	144
DAY 29	Life after Retirement 퇴직 후 인생	148
DAY 30	DIY Hobbies DIY 취미	152

CHAPTER 3 EXERCISE 운동

RELATED QUESTIONS 주제별 스피치 향상을 위한 질문 모음		158
DAY 31	Working Out 운동	160
DAY 32	Home Workouts 홈 트레이닝	164
DAY 33	Workouts at the Gym 헬스장 운동	168
DAY 34	Talking Walks 산책하기	172
DAY 35	Hiking 등산	176
DAY 36	Cycling 자전거 타기	180
DAY 37	Pilates 필라테스	184
DAY 38	Yoga 요가	188
DAY 39	Swimming 수영	192
DAY 40	10,000 Steps Per Day 하루 만 보 걷기	196

CHAPTER 4 SPECIAL HOBBIES 특별 취미

RELATED QUESTIONS 주제별 스피치 향상을 위한 질문 모음		202
DAY 41	Companion Animals 반려동물	204
DAY 42	Raising Fish at Home 물고기 기르기	208
DAY 43	Raising Plants 화분 기르기	212
DAY 44	Manicure and Pedicure 네일 아트	216
DAY 45	Musicals 뮤지컬	220
DAY 46	Art Classes 미술 학원	224
DAY 47	Calligraphy 캘리그래피	228
DAY 48	Reselling Culture 리셀 문화	232

DAY 49 **TED (Technology, Entertainment, Design)** 테드 강연 듣기 236
DAY 50 **Making Friends Overseas** 해외 친구 사귀기 240

CHAPTER 5 **MEDIA** 미디어

RELATED QUESTIONS 주제별 스피치 향상을 위한 질문 모음 246
DAY 51 **TV Shows** 방송 프로그램 248
DAY 52 **Watching TV** TV 시청 습관 252
DAY 53 **TV Dramas** TV 드라마 256
DAY 54 **News Programs** 뉴스 프로그램 260
DAY 55 **Talent Competition Programs** 오디션 프로그램 264
DAY 56 **Reality TV Programs** 리얼리티 TV 프로그램 268
DAY 57 **Old TV Dramas** 예전 TV 드라마 272
DAY 58 **Radio** 라디오 276
DAY 59 **Stars in the Entertainment Industry** 연예계 스타 280
DAY 60 **AI Chatbot ChatGPT** 인공지능 챗봇 챗GPT 284

PATTERNS PRACTICE 입이 트이는 영어 핵심 패턴 180 288

〈입이 트이는 영어〉를 먼저 경험한 청취자/독자의 추천사를 소개합니다

진짜 영어를 위한 공부, 결국 〈입트영〉으로 다시 돌아왔습니다

주변에 '나 입트영 공부하고 있어~.'라고 이야기하면 '다들 영어 공부하고 있구나'라고 이해할 만큼 이젠 '입트영'이 영어 학습의 유명 인사가 된 것 같습니다. 10여 년 전… 영어에 대한 막연한 동경과 함께 우연히 들은 EBS 방송에서 입트영을 처음 만나 공부하였습니다. 하지만 얼마 되지 않아 영어 관련 시험들을 공부하면서 입트영과는 멀어지게 되었습니다. 끊임없이 영어를 곁에 두고 공부해 오면서 물론 영어 실력이 조금씩 늘긴 했습니다. 하지만 영어 시험을 위해 공부한 시간이 오롯이 나의 진짜 영어 실력이 되지 않음을 느꼈습니다. 여전히 영어가 어렵고 힘들었습니다.

시간이 흘러 끊임없는 영어에 대한 아쉬움과 안타까움에 결국 다시 찾은 것이 '입트영'이었습니다. 매일 방송을 들으며 주요 표현을 익히고, 본문을 외우면서 공부하기 시작했습니다. 시험을 위한 영어 공부가 아닌 진짜 영어를 위한 공부를 하니 재미도 있고 내가 생산성 있는 공부를 하고 있다고 느낍니다. 이제는 영어 공부 시간의 주인이 진짜 내가 된 것 같아 입트영 공부 시간이 즐겁습니다. 입트영 팬으로서 첫 번째 입트영 단행본이 나왔을 때 좋은 것은 함께 나눠야 한다는 마음에 주변에 많이 선물했습니다. 매일 방송을 챙겨 듣기 힘든 남편에게도 선물하였더니 좋아하며 매일 본문 한 개씩 함께 외우자는 기특한(?) 제안까지 했습니다. 진짜 내 것이 될 수 있는 영어를 입트영을 통해 배웁니다. 새로운 입트영 단행본 발간 소식은 정말 반갑습니다. 입트영 책은 1가족 1권을 넘어 1인 1권하기를 자신 있게 추천합니다!

10년 만에 다시 입트영에 입덕한 빅팬 박성은

영어 공부 30년 만에 나만의 공부 루틴을 찾게 해 준 〈입트영〉

초등학교를 입학하는 8세부터 영어 공부를 했다 치고, 지금 38세인 제가 영어 공부에만 투자한 시간과 비용은 어림짐작도 안될 만큼 많습니다. 수많은 영어 공부 콘텐츠들을 도전해 보았지만, 초반에만 달리고 그치기 일쑤였지요. 하지만 입트영을 만난 지금, 작심삼분의 아이콘이던 제가 매일 영어 공부 루틴을 지켜나가고 있습니다. 어떻게 지켜나가냐고요?

1. 매일의 주제가 시청자의 사연 신청을 바탕으로 정해지기에 공감이 가는 주제가 많습니다. '나도 저 말을 영어로 하고 싶었는데!' 라고 생각했던 표현들을 가르쳐 주시니 가려운 곳을 시원하게 긁어 주는 기분입니다.
2. 본방 사수 단톡방에서 나누는 동지애입니다. 이 새벽에 나 혼자 들으려고 깰 수 있는 제가 아니기에 이런 으쌰으쌰 동지애와 응원이 가득한 단톡방이 참 좋습니다.
3. 제니퍼쌤, 현석쌤 알고 보면 대단한 선생님들이신데 직접 찾아가지 않아도 집에서 명품 강의를 들을 수 있으니 아침잠 많은 저도 눈이 번쩍 떠집니다.

사실 처음에는 왜 이런 책과 프로그램을 이제 알았을까… 참 아쉬웠습니다. 하지만 이제라도 만나서 다행이라고 여기고 아이들에게는 일찌감치 소개해 주렵니다. 고맙습니다♡

영어 공부 30년 만에 만난
'진짜' 영어 공부 '입트영'

〈입트영〉을 만나고 영어에 대한 내공이 쌓였어요

영어 교육과 밀접한 일을 하고 있습니다. 아이들 앞에서 창피하지 않으려고 매일 영어를 공부합니다. 특히 아이들이 자주 하는 무서운 질문 '이거… 저거… 영어로 뭐예요?' 입니다. '코딱지'부터 시작해서 '침, 방귀, 김치볶음밥, 삼겹살' 등등 일상생활 속에서 흔히 하는 그 모든 말들이 궁금한 아이들입니다. 이런 아이들의 질문에 즉석에서 시원하게 다 대답해 주고 싶은 맘이 컸던 참에 '심봤다!'를 외쳤습니다.

우리 일상 속 표현들뿐 아니라 시대적 흐름과 경향에 맞는 시사적인 주제까지도 두루두루 다루는 '입이 트이는 영어!' 실용적인 주제에 그 표현들, 수업 중 저와 아이들이 딱 궁금한 표현들 '네가 왜 거기서 나와~' 였습니다. '입이 트이는 영어'를 결국 작년에 이어 올해도 정기 구독하고 있습니다. 매일 주제별로 주어진 세 가지 질문에 짧게라도 작문 연습도 하고 SNS에 올리는 건 아니어도 1인 밴드에 매일 낭독해서 올리고 있습니다. 매일 낭독으로 발음도 더 좋아지고 입트영과 공부해 쌓인 내공으로 아이들의 즉석 질문에 전보다 더 자연스럽게 대답하는 저를 보고 놀랍니다.

무엇보다 이현석 선생님과 제니퍼 선생님, 그리고 본방 사수방의 회원님들의 성실함과 진솔함에 더 감동할 때가 많은 '입이 트이는 영어'에 언제까지나 딱! 껌딱지 할 겁니다. 감사합니다.

애청자 엄선희

〈입트영〉을 조금만 더 일찍 만났더라면 더 나은 내가 되었을 거예요

학창 시절부터 영어를 좋아했어요. 대학 시절 나름대로 유명한 학원들도 다녀보고 했지만, 영어와 큰 관련 없는 회사 일을 하고 결혼 후에는 아이들을 키우며 정신없이 살면서 영어는 마음 한 켠에만 자리하고 있었습니다. 겨우 영어 자막으로 영화를 보거나 아이들 영어 동화책 조금 읽고 신문에 연재되던 생활영어를 열심히 보는 거로는 영어 공부라고 할 수도 없었지요. 아이들이 크고 시간이 좀 생기면서 영어 회화에 도움이 된다는 미드도 대본도 프린트해서 읽어보고 유튜브도 기웃거리며 찾기 시작했지만, 이들이 많이 추천하던 미드도 길고 긴 시리즈를 몇 번씩 보고 대본도 읽어보고 하는 엄청난 시간을 투자하였으나 아주 조금 귀가 열리는 정도였고 제가 바라던 자유로운 영어 회화는 여전히 저 멀리 있는 산처럼 느껴졌습니다.

코로나로 답답하게 지내던 일상에 입트영 교재를 시작으로 공부하기 시작하면서 제가 오랜 시간 찾던 공부법이 입트영이더군요. 정말 유레카! 라도 외치고 싶었습니다. 제가 부족한 부분을 완벽하게 커버해 주는 교재입니다. 지루하지 않으면서 실제 회화에서 자주 사용할 만한 표현, 그 안에 임팩트 있는 문법뿐만 아니라 같은 뜻 다른 표현들도 같이 배우고 본문 내용도 흥미로워서 지루할 틈이 없습니다. 그다음 페이지에서는 본문 내용과 연계된 Pattern Practice로 중요 표현 문장들을 반복하고 Dialogue Practice로 응용 연습, 그리고 마지막으로 앞에 배운 단어 패턴들을 이용한 영작까지… 완벽의 끝판왕입니다. 저는 효과를 높이기 위해서 Pattern, Dialogue Practice뿐만 아니라 본문 내용도 모두 암기하려고 노력합니다. 단어 하나, 문장 한 줄이 회화에 딱 필요한 표현들이라서 놓치고 싶지 않거든요. 물론 처음 공부할 때는 본문의 문장이 길어지거나 주어가 길어지면 잘 외워지지 않고 낭독할 때도 버벅거리고 자연스럽게 소화하기엔 시간도 많이 걸렸습니다.

그러던 어느 날! 신기한 일이 일어납니다. 갑자기 본문 내용의 난이도가 낮아진 것처럼 느껴지고 문장들이 너무나 간단해 보이며 공부 시간이 반으로 확 줄어드는 것을 발견하고 뿌듯했습니다. 영어 실력이 눈사람 만들 때처럼 작은 눈덩이가 굴러가며 커지는 것처럼 늘어갑니다. 조금 더 일찍 처음부터 입트영으로 공부했더라면 지금쯤… 하는 아쉬움에 한 번씩 속상함이 확 밀려오는 것 말고는 입트영은 제게 너무나 고마운 제 일상 루틴의 아주 크고 중요한 한 부분입니다. 확실한 영어 학습법과 하루하루 늘어가는 영어 실력을 직접 체험하게 되면서 갱년기의 나이에도 자신감과 희망이 생깁니다.

입트영으로 희망 찾은 열혈팬 갱년기 아줌마

영어학원 대신 엄마와 함께 1년 동안 즐겁게 공부한 〈입트영〉

안녕하세요! 저는 엄마와 함께 작년부터 입트영 단행본 1권을 공부했던 초5 학생입니다. 입트영 단행본을 기다리고 또 기다렸는데, 곧 출간된다니 너무 좋아요! 저는 엄마와 입트영 교재의 Key Expressions를 공부하고, 원어민 음원을 집중해서 반복적으로 들은 후에 낭독하는 방식으로 공부했어요. 꾸준히 공부하니 문장 끊어 읽기도 자연스러워지고, 제 발음이 좋아지는 걸 느꼈어요. 그리고 입트영 낭독 프로젝트를 통해 같이 영어 공부를 했던 분들이 칭찬도 많이 해 주셔서 영어에 대한 자신감이 더 생긴 것 같아요. 제가 되고 싶은 많은 꿈 중 하나가 영어 선생님인데, 입트영 덕분에 그 꿈이 더 확고해졌어요. 작년에 학교 영어 선생님께 입트영을 아냐고 여쭤보니 안다고 하셔서 반가웠는데, 올해 영어 선생님께도 입트영을 소개해 드리고 싶어요. 영어를 좋아하는 제 친구들에게도 입트영을 소개해 줄 거예요! 실생활에서 쓰이는 영어 표현을 배울 수 있는 입트영! 영어학원을 다니지 않아도 즐겁고 재미있게 영어 공부를 할 수 있는 입트영! 사랑해요♡♡

영어를 좋아하는 초5 딸기라떼 이윤지

영어 공부가 습관으로 자리 잡게 된 〈입트영〉

업무 시 영어 사용할 일이 잦아지며 스트레스를 받다 전화영어를 시작했었습니다. 메일로는 어느 정도 의사소통이 가능하나, 대면 회의 시 바로바로 소통이 되지 않아 입이 트이고 싶었기 때문입니다. 그런데 그렇게 전화영어 1~2년을 해도 실력이 늘지 않아 다른 방법을 고민하던 중 EBS 입트영을 알게 되었고 매일 아침 본방 사수를 하며 3년째 꾸준히 공부하고 있습니다. 사실 한국이 영어 생활권이 아니기 때문에 단기간 내 원어민처럼 입이 트이기는 어려운데요. 매일매일 목표를 같이 하는 분들과 으쌰으쌰하며 내가 직접 쓴 사연으로 다양한 영어 표현을 배우는 것도 재미있고, 영어가 습관으로 자리 잡아 뿌듯합니다. 이렇게 자연스럽게 스며든 영어 실력으로 영어 회의 한번 주최해 보고 싶구요. 언젠간 퇴사하더라도 입트영은 계속할 것 같아요 :)

영어 회의 시 자유롭게 발언할 날을 꿈꾸는
17년 차 직딩 Lena ♡

우리 주위의 살아가는 이야기뿐만 아니라 새로운 지식을 알게 해주는 〈입트영〉

입이 트이는 영어는 나에게 우리 주변의 세상 살아가는 이야기를 영어로 다양한 영어 표현을 알게 해 주는 생활 밀착형 영어 방송이면서 전혀 알지 못했던 새로운 지식에 대해서 알려 주는 백과사전과 같은 영어 프로그램입니다. 특히 입이 트이는 영어에서는 구동사 활용이 많아 실생활에 자주 사용하고 있는 단어 사용 빈도수가 많으며 같은 표현을 다양한 영어 표현으로 알려 주어 좋았습니다.

특히 입이 트이는 영어는 사연자들의 주제로 진행된 만큼 저 또한 사연 신청자로 한라산 당일치기, 국가 자격증 취득, 중대 재해 처벌법으로 저의 사연이 채택되면 주위 분들께서 축하해 주셔서 더욱더 영어 공부에 대한 애정이 생기고 동기 부여가 되기도 하였습니다. 앞으로도 제가 영어 표현으로 궁금한 사연은 계속해서 신청할 계획입니다. 매일 새벽 저의 루틴으로 입이 트이는 영어 본방 사수하고 있으며 앞으로도 영어 공부는 평생 공부라고 생각하며 꾸준히 늘 지금처럼 재미있게 공부하고 싶습니다. 여러분들도 동참해 보시는 건 어떨까요?

자격증 시험 치는 날까지 본방 사수하는 최동열

〈입트영〉을 만나고 제 삶이 풍부해졌어요

그동안은 그냥 듣기만 하다 1월 15일부터 낭독을 생활화하고 있습니다. 몇 번씩 따라 읽고 녹음하다 보면 목도 아프고 발음하기 힘든 단어들은 찾아보고 확인해 보면 쉽지 않습니다. 어제하고 오늘 해도 쉽지 않으나 영어 공부하는 과정이 재미있습니다. 그리고 입트영 본방 사수 단톡방에 들어가 있는데 영어 공부에 대한 열정과 애정으로 가득 찬 분들로 인해 많은 자극과 동기 부여가 됩니다. 그 시간 뇌가 활성화되는 느낌을 받습니다. 또한 입트영의 장점이 다양한 사연으로 구성되어 있어 나의 삶과 연관해서 생각하니 삶을 풍부하게 해 줍니다. 여러모로 유익하고 재밌는 입트영으로 영어 공부할 수 있어 감사합니다. 무엇보다도 본방 사수방에서 함께하는 현석쌤, 새벽달님 외 여러분들 모두 감사합니다. 그 시간 함께하며 재밌게 공부해요.

**입트영으로 하루를 열고 입트영으로
영어 루틴화를 실천하고 있는 박은정**

초등학생인 저도 〈입트영〉으로 재미있게 공부해요

저는 2021년 5월 엄마와 함께 〈입트영 단행본 일상생활 편〉 낭독 챌린지에 참가한 초등학생입니다. 매일 낭독하는 일이 처음에는 조금 힘들었지만, 주제들이 일상생활로 이루어져 있어서 부담이 적고 흥미가 생겨 낭독을 이어갈 수 있었습니다. 전체 3회독을 하면서 새로운 영어 표현들을 배우고 익힐 수 있어서 좋았습니다. 그리고 낭독 챌린지를 통해 예전에는 짧은 영어 동화도 혼자 읽어보려 하지 않았던 제가 지금은 어떤 영어를 접해도 우선은 읽어보려고 시도할 만큼 영어에 대한 자신감이 많이 생겼습니다. 어른을 위한 교재이지만 초등학생도 충분히 재미있게 공부할 수 있는 〈입트영 단행본 시리즈〉 강력 추천합니다. 입트영하시는 모든 분들, 오늘도 파이팅입니다!

초5 낭독인 유채현(Ella)

영어 공부의 최적의 내비게이션 〈입트영〉

대한민국에서 태어나 수많은 시간의 영어 교육 시간을 거쳐왔습니다. 거의 모든 시간의 영어 교육은 '눈트영' 시간이었습니다. 눈으로 읽고 내용을 이해하고, 전공 서적을 읽고, 이메일을 보내고 이런 것들은 그럭저럭 할 수 있게 되었죠. 그런데 직접 원어민들과 대면하면서는 '눈트영'이 제힘을 발휘하지 못했습니다.

직접 대화하고 의견을 조율하고 때로는 화도 낼 수 있기까지는 오래 걸렸습니다. 알고 있는 표현도 못 알아듣는 귀가 트였어요. 전하고 싶은 의도는 입이 열 개여야만 가능해짐을 알고 귀/입트영 방법으로 계속 공부합니다. 이런 길을 가는 데 최적의 내비게이션이 '입트영'인 것이 확실합니다.

청취자 배철범

더 노력하는 내가 되어 함께 나이들어 가고 싶은 〈입트영〉

입트영을 작년 8월 시작해서 같이 낭독하는 친구들이 생겼고 그 친구들과 낭독을 응원 격려하며 공부하고 있습니다. 요즘은 본방 사수 톡방에 참여해서 더더욱 영어 공부에 매진하고 노력하는 나 자신이 되려고 합니다. 세상에는 나보다 영어를 잘하는 이가 너무 많지만, 나는 나만의 속도로 영어를 계속 공부할 것이며 입트영과 함께 나이들어 갈 것입니다. 나의 새벽 기상을 책임져 주고 있는 입트영에 항상 감사하고 월요일에서 토요일까지 본방 사수 톡방에서 현석쌤과 톡방 친구들과 함께 본방 사수를 할 수 있어서 고맙고 또한 감사합니다.

입트영을 꾸준하게 공부하고 있는 윤영주

〈입트영〉으로 영어 실력과 영어 자존감이 향상되었어요

저는 만 3년째 이현석 선생님의 입이 트이는 영어 강의를 듣고 있는 1988년생 스윗홈입니다. 예전에는 영어 공부가 점수나 등급을 잘 받으려고 시작했다면 이제는 입이 트이는 영어가 제 삶의 루틴으로 자리 잡았습니다. 입이 트이는 영어는 실생활 주제로 많은 애청자의 좋은 사연이 가득 담겨있는 소중한 책입니다. 매일 20분의 공부만으로 이렇게 영어 공부가 즐거울 수 있다는 걸 느낍니다. 감사합니다. 이 책으로 영어 실력과 영어 자존감이 향상됨을 느낍니다.

입트영을 애정하는 스윗홈

매일 아침을 힘차게 시작하는 습관 〈입트영〉

재작년, 집 정리를 하면서 그간 모아 두었던 입트영을 모두 버릴 수밖에 없어서, 너무나 아쉬움이 컸습니다. 그런데 〈입이 트이는 영어 최고의 스피킹 60〉이 출간되어 과거를 되찾은 느낌이 들어서 너무나 좋았습니다. 직장에 출근하기 전, 매일 아침 카페에서 입트영을 공부하는데, 이러한 나의 추억을 다시 찾게 되어 너무나 반갑고 고마웠습니다. 입트영을 십여 년 넘게 들으면서 요즘과 같이 의미 있게 공부한 적이 있었나 하는 생각이 듭니다. 낭독스쿨에 가입은 안 했지만, 카페의 음악에 맞추어 신나게 그날의 Study Texts를 읽어 가노라면, 재미도 있고 언젠가 스피킹에 대한 자신감도 조금씩 커지는 것 같습니다.

이처럼 매일 아침 낭독과 암기를 지속해 간다면 언젠가 저도 자유롭게 영어로 이야기할 그날이 오겠죠? 매일 아침을 함께 할 세 번째 입트영 단행본이 나오게 되어 더할 나위 없이 반갑고, 기대가 큽니다. 계획하고 있는 4권도 곧 출간되어 기억을 꼭 찾아주시기를 바랍니다.

입트영과 매일 아침을 사는 애청자 신현길

나의 꿈을 위한 한 걸음이 되어 줄 〈입트영〉

코로나로 다니던 회사가 직격탄을 맞으면서 불가피하게 회사를 그만두게 되었습니다. 코로나라는 초유의 상황과 개인적으로 애정하던 회사를 그만둔 상실감으로 마음이 허할 때 〈입이 트이는 영어 최고의 스피킹 60〉을 만나 입트영 챌린지에 참여하며 다시 희망을 갖고 제2의 직업을 찾아보자는 다짐을 하게 되었습니다. 아직도 한국 사회는 영어를 잘 말할 수 있으면 직업 선택의 폭이 넓은 듯합니다.

20대 관광 통역 자격증을 땄으나 언어는 쓰지 않으면 잊어버린다고 그동안 영어 공부를 꾸준히 하지 않아 지금 당장은 저의 꿈을 이룰 수 없지만 〈입트영 최고 스피킹 60 일상생활 편〉, '여가생활 편', '취미생활 편', '한국 문화 편', '시사 이슈 편' 총 5권의 시리즈 단행본이 완간될 때쯤 저도 입트영의 도움으로 외국인을 위한 관광 가이드가 되어 있지 않을까 합니다. 미래에 대한 희망과 함께 공부할 수 있는 입트영을 만나게 된 건 저에게 행운입니다.

제2의 직업을 꿈꾸는 전업맘 엄수용

영어 공부를 〈입트영〉으로 해야 하는 이유

왜, 입트영인가!!! 하는 3가지 이유가 있습니다.

첫째, 영어 말하기에 최적화된 다양한 표현들! 그렇게 주구장창 영어를 공부했건만 왜 스피킹은 이리도 어려울까요… 그럴 때 바로 입트영 추천합니다. 우리 생활 속 주제를 바탕으로 쉽고 재미있게 영어 말하기 도전!!
둘째, 반복에 재미를 더하면? 유창성은 덤으로! 집중 쏙쏙 되는 방송으로 한번, MP3 파일로 또 한 번, 하루 5번만 반복해서 낭독해 보세요~ 어느새 유창해진 내 영어 실력을 만나실 수 있어요!
셋째, 함께하면 지치지 않아요! 단톡방에서 모르는 표현 물어보면 답 주시고 SNS에서도 좋아요 눌러주시는 우리 현석샘과 아이들(?)이 있어서 지치지 않고 길~~~게 영어 즐기면서 공부할 수 있답니다^^~~

전북 김제에서, 슈퍼 워킹맘 남혜선

〈입트영〉을 강력추천하는 이유

〈입이 트이는 영어 최고의 스피킹 60 일상생활 편〉에 이어 후속 '여가생활 편', '취미생활 편'이 나오다니 강력추천합니다! 입트영은 영어뿐 아니라 시사 상식과 일반 상식까지 아우르는 멋진 교재인데 청취자들이 직접 보낸 사연들이라 활용도와 몰입감이 최고로 높은 교재라 자부합니다.

이번엔 일상에 필요한 영어를 뛰어넘어 여가생활과 취미생활 관련 표현들을 모아 놓으셨다니 너무도 기대됩니다! 입트영은 뭐니 뭐니 해도 낭독을 해야 제대로 공부했다 할 수 있으니 이번 교재도 열심히 공부하고 낭독해서 원어민과 자유로운 스피킹이 될 수 있도록 화이팅 하겠습니다^^

성북구 유진

내 삶의 활력소가 되어 준 〈입트영〉

작년 5월 알게 된 〈입이 트이는 영어 최고의 스피킹 60〉으로 낭독 챌린지를 시작했습니다. 코로나19로 아이들과 집에서 하루하루 우울하고 힘든 나날을 보내고 있던 제게 정말이지 한 가닥 희망처럼 일단 해보자는 마음으로 시작했습니다. 처음에는 한 가지 같은 주제로 5일을 매일 낭독했는데 하다 보니 매일 매일 다른 주제로 낭독도 가능하게 되었습니다. 60일 주제를 마치고 입트영 월간지로 매일 방송 듣고 낭독하고 결국 귀트영까지 방송 듣고 낭독하는 삶을 1년 넘게 유지하고 있습니다. 삶의 활력소가 되어준 입트영 책과 현석샘께 너무 감사드립니다.

매일 매일 낭독의 즐거움에 푹 빠진 ilra

〈입트영〉을 만나고 영어에 대한 자신감이 생겼어요

새벽에 일찍 일어나는 미라클모닝이 익숙해질 때쯤 지인분의 권유로 시작한 입트영입니다^^ 〈입이 트이는 영어 최고의 스피킹 60〉 책으로 시작하게 되었는데요. 일상생활에 밀접한 주제들에 청취자들의 사연이 모여 만들어진다는 것도 매력적이었어요^^

그렇게 시작한 공부와 낭독.

사실 그동안 아이들의 낭독을 도우며 끌어준 적은 있었지만, 실제로 제가 직접 낭독을 해 본 적은 없었기에 어색하고 부끄럽기도 해서 비밀 계정을 만들어 혼자 조용히 연습하고 기록을 해 왔어요.

이현석 선생님과 많은 공부 친구님이 함께 하는 단톡방에 참여하며 서로서로 같이 공부하고 응원하고 힘을 주는 분위기에 퐁당 빠져서 용기를 내어 정식으로 낭독 인증을 시작했습니다^^ 신기하게도 영어가 점점 더 재미있어지고, 한달한달의 성취감을 쌓아가며 아직은 너무 조그맣지만, 자신감이란 것도 생기기 시작했어요^^ '나도 할 수 있을까?' 고민하는 분들이 계신다면 일단은 그냥 한번 시작해 보세요!

입트영에 퐁당 빠진 청취자 엠버맘(박지현)

〈입트영〉이라는 장막에서 영어를 배우는 즐거움을 찾았어요

〈은둔의 즐거움〉에서 신기율 선생님은 서재가 세상에서 잠시 벗어나 숨을 돌릴 수 있는 '장막'이라고 하셨습니다. 제게는 입트영이 '장막'과 같은 곳입니다. 방송을 듣고, 선생님들의 낭독 가이드를 들으며 낭독을 연습하고 또 연습합니다. 어느덧 오롯이 나의 목소리와 호흡에 집중하게 됩니다. 낭독의 장막 안에 들어가면 세상 시름을 잊게 되고, 나에게 집중하며, 새로운 언어를 배우는 즐거움까지 얻게 되니 저는 좀처럼 이 장막에서 나가고 싶지 않네요^^ 바쁘고 지친 현대사회에서 우리는 스트레스를 풀기 위해, 그리고 글로벌 시대에 요구되는 언어 능력을 쌓기 위해 참 많은 돈을 들이기도 하죠.

그런데 세상에나!

EBS 입트영은 그저 책 한 권만 준비하면 일석이조, 일석삼조의 기쁨을 누리게 됩니다. 영어 공부뿐 아니라 마음이 지치고 위로가 필요하신 분, 나만의 장막이 필요하신 분, 주저 없이 EBS 입트영으로 들어오세요. 늘 문은 열려 있습니다♡

애청자 명하영

영어 말문이 트이는 마법과 같은 〈입트영〉

혼자 있어도 영어 말하기가 부끄러워 입술조차 떼지 못한 제게 귀를 쫑긋 세우고 살금살금 소리 내게 만들고 있는, 마법과도 같은 입트영입니다. 무엇보다 눈을 뜨고 하루를 시작하면서 겪게 되는 모든 상황을 영어 표현으로 배울 수 있어 재미있어요. 여가생활, 취미생활 주제들만 선별하여 출간하신다니 무지무지 기다려집니다. 귀에 쏙쏙 박히는 또렷한 목소리의 이현석 선생님과 고운 목소리에 기분이 좋아지는 제니퍼 선생님의 성대모사로 여가 시간을 보내는 그날까지 입트영과 함께 열심히 소리 내어 말해 볼게요!!!

나의 목소리를 견딜 수 있는 용기가 필요했던
Roselina 청취자

CHAPTER 1

DAILY HOBBIES
일상 취미

DAY 01
Multiple Hobbies
취미 부자

DAY 02
Outdoor Activities
야외 활동

DAY 03
Taking Selfies
셀카 촬영

DAY 04
Decorating a Room
방 꾸미기

DAY 05
Board Games
보드게임

DAY 06
Writing in Diaries
일기 쓰기

DAY 07
Homemade Coffee
집에서 만든 커피

DAY 08
Enjoying Wine
와인 즐기기

DAY 09
Reading
Storybooks to Children
아이에게 그림책 읽어 주기

DAY 10
Cooking
요리하기

DAY 11
Going to the Libraries
도서관 가기

DAY 12
Learning to Dance
춤 배우기

DAY 13
Fortune Telling
운세 보기

DAY 14
Reading Comic Books
만화책 읽기

DAY 15
Volunteer Work
봉사활동

RELATED QUESTIONS

주제별 스피치 향상을 위한 질문 모음

Try to answer the questions based on each topic.

DAY 01 TOPIC 취미 부자

1 Describe an unusual hobby you have. Why does it interest you?
2 How do you find information about your hobbies?
3 What are some of the advantages of having multiple hobbies?

DAY 02 TOPIC 야외 활동

1 Do you prefer being indoors or outdoors? Explain your preference.
2 What are some things you like to do outdoors?
3 Talk about the best weather for outdoor activities.

DAY 03 TOPIC 셀카 촬영

1 Share some tips for taking good selfies.
2 Do you take selfies often? Why do you think selfies are so common these days?
3 What are some other types of pictures you like to take?

DAY 04 TOPIC 방 꾸미기

1 What is the most amount of money you have ever spent on a decorative item? Describe what you bought.
2 How do you find information or inspiration when you decorate your home?
3 Describe a type of interior style that you don't like. Why don't you like it?

DAY 05 TOPIC 보드게임

1 Do you enjoy board games? If so, what games do you like?
2 Do you think skill is more important than luck when playing board games? Why or why not?
3 What are some other fun games to play with friends?

DAY 06 TOPIC 일기 쓰기

1 Describe how smartphones have changed the way we use diaries.
2 Have you ever read diary entries you wrote a long time ago? How did it make you feel?
3 Does keeping a diary make people behave or think differently? Why or why not?

DAY 07 TOPIC 집에서 만든 커피

1 Why do you think brewing coffee at home has become more popular recently?
2 Share some personal tips for making delicious coffee.
3 Describe your favorite coffee drink, including your preferred temperature and ingredients.

DAY 08 TOPIC 와인 즐기기

1 What is your favorite type of beverage? Why does it appeal to you?
2 Why do you think many people find wine to be difficult or intimidating?
3 What is your favorite food-wine pairing? Does wine go well with Korean food?

RELATED QUESTIONS

주제별 스피치 향상을 위한 질문 모음

Try to answer the questions based on each topic.

DAY 09 TOPIC 아이에게 그림책 읽어 주기

1 How do you choose which books to read with your children?
2 Share some fun and educational activities to enjoy with kids.
3 Create a bedtime story you would read to your child.

DAY 10 TOPIC 요리하기

1 What is your signature dish? Share some tips for making it delicious.
2 How have food delivery apps and meal kits changed the way you eat?
3 Describe how preparing a meal can be turned into a family activity.

DAY 11 TOPIC 도서관 가기

1 Do you prefer studying in libraries? Why or why not?
2 What are some things to do at the library other than reading or studying?
3 Describe some other places where you like to study or read.

DAY 12 TOPIC 춤 배우기

1 Do you enjoy dancing? Why or why not?
2 How have the internet and social media changed the way people learn new hobbies?
3 What are some things you do to reduce your stress levels?

DAY 13 TOPIC 운세 보기

1 Do you believe in fortune telling? Why or why not?
2 What are some different methods of fortune telling?
3 Are you superstitious? Why do people believe in superstitions?

DAY 14 TOPIC 만화책 읽기

1 Why are comic books less popular these days?
2 How are web cartoons different from comic books?
3 What is your favorite comic book? Why do you like it so much?

DAY 15 TOPIC 봉사활동

1 Describe the most rewarding and enjoyable volunteer work you have done.
2 Design a class for local children. What would you teach or do with the kids?
3 What is a skill or topic you would like to learn about in a community class?

DAY 01

Multiple Hobbies

취미 부자

음원 01

Today's TOPIC

1st

코로나19 이후, 많은 것이 변했습니다. 그중에서도 제 삶의 가장 큰 변화라고 할 수 있는 것은 취미 생활을 하는 방식입니다.

예전에는 운동하기 위해 헬스장, 요가 강습소, 필라테스 학원 등을 등록하곤 했습니다. 그런데 이제는 혼자서 산책하고, 집에서 홈 트레이닝 하는 게 전부입니다.

예전에는 친구들을 만나 맛집을 찾아가거나, 카페에서 책 읽는 것을 즐겼습니다. 그런데 요즘은 집에서 커피를 내리고 책을 읽습니다. 집에 카페 같은 분위기가 나는 공간도 만들고, 좋은 스피커를 사서 음악을 들으며 독서합니다.

그리고 집 베란다에서 식물을 키웁니다. 처음에는 미니 선인장으로 시작했지만, 이제는 제법 큰 식물도 많아졌습니다.

SPEECH PRACTICE

Many things have changed since COVID-19. The biggest change in my life has been the way I 001 **pursue hobbies**.

I used to sign up at gyms and yoga or Pilates studios to work out in the past. But now, all I do is go for walks alone and do 002 **at-home workouts**.

Earlier, I enjoyed meeting up with friends to visit good restaurants, or reading a book in a café. But nowadays, I brew coffee and read at home. I redecorated my home to create a café-like atmosphere, and splurged on some high-end speakers to listen to music while I read.

Plus, I raise plants on the balcony of my house. I 003 **started out with** mini cactuses, but now I also have some plants that are pretty big.

KEY EXPRESSIONS

pursue a hobby 취미 생활을 하다
sign up at ~에 등록하다
yoga or Pilates studio 요가 및 필라테스 강습소, 스튜디오
work out 운동하다
go for a walk 산책하다
at-home workout 홈 트레이닝
meet up with ~와 만나다
brew coffee 커피를 만들다
redecorate one's home 집안을 새로 꾸미다
a café-like atmosphere 카페와 같은 분위기
splurge on ~에 큰돈을 쓰다
high-end speakers 고가의 스피커
raise a plant 식물을 키우다
start out with ~으로 시작하다

001 pursue a hobby 취미 생활을 하다

The biggest change in my life has been the way I pursue hobbies.

제 삶의 가장 큰 변화라고 할 수 있는 것은 취미 생활을 하는 방식입니다.

It's much easier to pursue a hobby these days because of the internet.

요즘은 인터넷 덕분에 취미 생활을 하기가 훨씬 쉬워졌다.

I wish I had more time to pursue a hobby.

취미 생활을 할 시간이 더 있었으면 좋겠다.

002 at-home workout 홈 트레이닝

All I do now is go for walks alone and do at-home workouts.

이제는 혼자서 산책하고, 집에서 홈 트레이닝 하는 게 전부입니다.

At-home workouts were the norm during the COVID-19 pandemic.

코로나19 팬데믹 기간에는 홈 트레이닝이 하나의 대세였다.

This is my favorite YouTube channel for at-home workouts.

이것은 내가 홈 트레이닝 할 때 보는 가장 좋아하는 유튜브 채널이다.

003 start out with ~으로 시작하다

I started out with mini cactuses, but now I also have some plants that are pretty big.

처음에는 미니 선인장으로 시작했지만, 이제는 제법 큰 식물도 많아졌습니다.

She started out with nothing, but she's a business owner now.

그녀는 무일푼으로 시작했지만, 이제는 사장이 되었다.

You should start out with something easy at first.

처음에는 쉬운 것부터 시작하는 것이 좋다.

DIALOGUE PRACTICE

A COVID-19 is over, but it **turned our lives upside-down**.

B Sure. A lot has changed.

A I think I **looked back on myself** more than I used to.

B That's right. I **felt the same way**.

A I used to spend a lot of time at home, but not anymore.

A 코로나19는 종식됐지만, 우리 삶을 송두리째 바꾸어 놓았어요.
B 그럼요. 많은 것이 변했죠.
A 예전에 비해 좀 더 나 자신에 대해 되돌아보게 되었던 것 같아요.
B 맞아요. 저도 같은 심정이었어요.
A 전에는 집에 있는 시간이 많았었는데, 지금은 안 그래요.

COMPOSITION PRACTICE

1 나는 아들과 공유할 수 있는 취미 생활을 하고 싶다. (pursue a hobby)

2 이 홈 트레이닝 운동은 네가 생각하는 것보다 힘들어. (at-home workout)

3 나는 강습을 받기 전에 먼저 스크린 골프로 입문했다. (start out with)

4 새로운 도시로 이사하면 인생이 크게 달라질 것이다. (turn one's life upside-down)

ANSWERS
1. I want to **pursue a hobby** I can share with my son.
2. This **at-home workout** is more difficult than you think.
3. I **started out with** screen golf before I started getting lessons.
4. Moving to a different city will **turn your life upside-down**.

DAY
02

Outdoor Activities

야외 활동

음원 02

Today's TOPIC

2nd

요즘은 몰라보게 주거 환경이 많이 개선되었다. 동네마다 공원이 많다. 더불어, 자연을 즐길 수 있는 좋은 공간들이다. 사람들은 저녁 시간이나 주말을 이용해서 이러한 공원을 자주 찾는다. 간단한 산책을 하기도 하고, 본격적으로 운동하는 사람도 많다.

또한 한국은 지형이 다채로운 편이다. 산도 많고, 강도 많고, 호수도 많다. 그래서 사람들은 산으로 캠핑이나 등산을 간다. 또한 강가와 호숫가에서 수상 스포츠를 즐기는 사람들도 있다.

최근 날씨가 매우 포근해서, 나도 강 주변에 있는 공원에 가족들과 함께 놀러 나갔다. 공원을 산책하며 운동을 좀 했다. 그리고는 돗자리를 펴고 앉아서 싸온 음식을 먹었다. 기분 전환도 되고 좋았다. 우리처럼 나와서 햇볕을 쬐는 사람들로 공원이 붐볐다.

SPEECH PRACTICE

Residential environments have been improved beyond recognition these days. Each neighborhood has lots of local parks. They are great places to take in nature. People often visit these parks at night or on weekends. They might go for a stroll, or 004 work up a sweat.

Korea's geography is very diverse. There are lots of mountains, rivers and lakes. People go camping or hiking in the mountains. They also enjoy watersports at the rivers and lakes.

The weather was very mild recently, so I went out to a riverside park with my family. We took a walk around the park to 005 get some exercise. Then we laid a mat on the ground and ate a packed lunch. The change of pace felt good. The park was crowded with people 006 getting some sun like us.

KEY EXPRESSIONS

residential environment 주거 환경
beyond recognition 몰라보게
local park 동네 공원
take in nature 자연을 만끽하다
go for a stroll 산책하다
work up a sweat 운동하다
geography 지형
diverse 다채로운
go camping or hiking 캠핑이나 등산을 가다
enjoy watersports 수상 스포츠를 즐기다
go out to a riverside park 강변 공원에 가다
take a walk 산책하다
get some exercise 운동하다
lay a mat 돗자리를 깔다
packed lunch 도시락
change of pace 기분 전환
be crowded with ~으로 붐비다
get some sun 볕을 쬐다

004 work up a sweat 운동하다

Some people visit parks to work up a sweat.
운동하려고 공원에 방문하는 사람들이 있다.

I like to listen to music when I work up a sweat.
운동할 때 음악 듣는 것을 좋아한다.

Before working up a sweat, it's important to stretch.
운동하기 전에 몸을 푸는 것이 중요하다.

005 get some exercise 운동하다

We took a walk around the park to get some exercise.
공원을 산책하며 운동을 좀 했다.

I need to get some exercise, but I don't have time.
운동을 해야 하는데, 도무지 시간이 안 나.

To get some exercise, I usually walk to work.
운동할 겸 보통은 걸어서 출근한다.

006 get some sun 볕을 쬐다

A lot of people at the park were getting some sun like us.
공원에 우리처럼 나와서 햇볕을 쬐는 사람이 많았다.

I wanted to get some sun, but it rained all day.
볕을 좀 쬐고 싶었는데, 하루 종일 비가 왔다.

We traveled to Thailand to get some sun last winter.
지난겨울에는 햇볕을 쬐려고 태국으로 여행을 갔다.

DIALOGUE PRACTICE

A Are you still playing that video game? Don't you ever **get sick of** it?

B I've only been playing for an hour.

A You should **get out more**. The weather is beautiful today.

B I can see that.

A Come on, let's go out and **do something fun outdoors**.

A 아직도 그 게임하고 있어? 질리지도 않니?
B 한 시간밖에 안 했어.
A 밖에 좀 나가고 그래야 해. 오늘은 날씨도 정말 좋다고.
B 알았어.
A 야, 빨리. 우리 밖에 나가서 뭐 재미있는 거 하자.

COMPOSITION PRACTICE

1 바닷가는 햇볕을 쬐기에 아주 좋은 곳이다. (get some sun)

2 너 정말 운동 좀 해야 해. (get some exercise)

3 나는 일주일에 세 번 운동하러 간다. (work up a sweat)

4 주말이라 백화점이 사람들로 붐볐다. (be crowded with)

ANSWERS
1. The beach is a great place for **getting some sun**.
2. You really need to **get some exercise**.
3. I go to **work up a sweat** three times a week.
4. The department store **was crowded with** people because it was a weekend.

DAY
03

Taking Selfies

셀카 촬영

음원 03

Today's TOPIC

3rd

셀카 촬영은 매우 보편화되어 있다. 사람들은 자기가 무엇을 하고 있는지 사진으로 인증하고 소장하고 싶은 마음에 셀카를 찍는다. 셀카를 좋아하는 사람들은 장소에 구애받지 않고 셀카를 찍는다. 각종 소셜 미디어에 셀카 사진이 많이 올라오는 것을 쉽게 볼 수 있다.

요즘은 대부분의 스마트폰에 고성능 카메라가 탑재되어 있다. 그리고 사진을 보정해 주는 앱도 많아서, 본인의 사진을 더욱 예쁘게 찍을 수도 있다. 이 앱을 이용해서 여러 가지 효과를 줄 수도 있고, 사진을 편집하는 것도 매우 쉬워졌다.

그리고 셀카봉과 블루투스 카메라 같은 주변 기기를 이용하면 셀카를 찍기가 더 쉬워진다. 여행할 때 이런 용품들은 필수품이 되어 가고 있다.

SPEECH PRACTICE

Taking selfies has become commonplace. People take selfies because they want to capture what they have done in photos, and 007 hold on to the memory. People who like selfies take them 008 wherever they are. You can easily find lots of selfies that people post on social media.

These days, most smartphones are equipped with high-end cameras. There are also lots of apps for touching up photos, so you can make your pictures look even better. You can add effects using these apps, and it's easy to edit photos as well.

Using peripherals like 009 selfie sticks and Bluetooth cameras also makes it easier to take selfies. These items have become must-haves when traveling.

KEY EXPRESSIONS

become commonplace 보편화되다
hold on to 간직하다
wherever they are 어디서든, 장소에 구애받지 않고
post on social media 소셜 미디어에 올리다
be equipped with ~이 탑재되다
high-end 고성능의, 고급의
touch up 보정하다
add effects 효과를 더하다
peripherals 주변 기기
selfie stick 셀카봉
must-have 필수품

007 hold on to 간직하다

People want to hold on to precious memories.
사람들은 소중한 추억을 간직하고 싶어 한다.

I have always held on to that advice.
그 조언을 항상 간직해 왔다.

It's a very precious item, so you should hold on to it.
매우 귀중한 물건이니, 잘 간직하도록 해.

008 wherever they are 어디서든, 장소에 구애받지 않고

People who like selfies take them wherever they are.
셀카를 좋아하는 사람들은 장소에 구애받지 않고 셀카를 찍는다.

They can order delivery wherever they are using this app.
그들은 이 앱을 사용하면 어디서든 음식을 시켜 먹을 수 있어.

They can rely on him wherever they are.
그들은 어디서든 그를 믿을 수 있어.

009 selfie stick 셀카봉

Using peripherals like selfie sticks makes it easier to take selfies.
셀카봉 같은 주변 기기를 이용하면 셀카를 찍기가 더 쉬워진다.

This selfie stick has a remote control.
이 셀카봉은 리모컨으로 사용할 수도 있어.

I need to charge my selfie stick.
나 셀카봉을 충전해야겠어.

DIALOGUE PRACTICE

A You seem to post lots of your selfies on Instagram.

B Do I really **post selfies** that often?

A Yeah. I remember seeing them **all the time**.

B There is an app for **touching up** your photos. Do you want to take one with me?

A **Right this moment**? Not now! I don't look too good today.

A 너 인스타에 셀카 사진들 자주 올리는 것 같던데.
B 내가 셀카를 자주 올리는 편이야?
A 응. 난 자주 본 걸로 기억하는데.
B 사진을 예쁘게 보정해 주는 앱이 있어. 우리 같이 한번 찍어 볼까?
A 지금? 지금은 싫어! 나 오늘 얼굴이 초췌해.

COMPOSITION PRACTICE

1 우리가 함께한 추억을 언제까지나 간직할 거야. (hold on to)

2 사람들은 어디서든 인터넷에 접속할 수 있다. (wherever they are)

3 예전에는 셀카봉을 꽤 자주 이용했었다. (selfie stick)

4 지금 바로 너한테 줄 수는 없어. (right this moment)

ANSWERS
1. I will always **hold on to** our memories together.
2. People can get access to the internet **wherever they are**.
3. I used to use a **selfie stick** quite often.
4. I can't give it to you **right this moment**.

DAY
04

음원 04

Decorating a Room

방 꾸미기

Today's TOPIC

4th

요즘은 사람들이 자기 방 꾸미기에 대한 관심이 매우 많다. 코로나19와 그에 따른 사회적 거리 두기 조치들로 인해, 집에 있는 시간이 많았다. 그래서 더욱 실내를 꾸미는 것에 대한 관심이 높아진 것 같다.

사람들은 해외여행 같은 제대로 된 휴가 계획을 다 취소했다. 그 대신 집에서 휴가를 보내는 경우가 많았다. 하지만 집에서 휴가를 보내야 한다면, 방을 색다르게 꾸밈으로써 휴가를 온 듯한 기분을 낼 수 있다.

방을 꾸밀 때, 먼저 본인이 선호하는 방의 분위기를 정해야 한다. 방의 분위기를 극적으로 바꿔 줄 수 있는 소품은 이불과 커튼이다. 그다음은 공간에 감성을 더해 줄 조명이다. 조명 하나만으로도 새로운 공간에 온 느낌을 준다. 마지막으로, 좋아하는 편안한 향으로 방을 채워 주면 이보다 더 완벽한 분위기 변화는 없을 것이다.

SPEECH PRACTICE

People are very interested in decorating their rooms these days. Because of COVID-19 and its resulting social distancing measures, people spent a lot of time at home. This is probably why people are so interested in interior design.

People 010 pulled the plug on proper vacation plans like traveling overseas. They spent their vacations at home instead. But even if you do have to stay at home for vacation, you can get a taste of traveling somewhere by changing up the decorations in your room.

When you decorate your room, you should start by 011 nailing down what kind of atmosphere you want. Bedding and curtains are good items to replace for a dramatic change in the ambience. After that, you can 012 set the mood with lighting fixtures. Simply changing the lighting makes you feel like you're in a whole new location. Finally, filling your room with your favorite soothing aroma is the perfect way to shake up the atmosphere.

KEY EXPRESSIONS

social distancing measures 사회적 거리 두기 조치
spend a lot of time 많은 시간을 보내다
interior design 실내 디자인
pull the plug on 중단하다, 취소하다
travel overseas 해외여행을 가다
spend one's vacation at home 휴가를 집에서 보내다
get a taste of (살짝) 맛보다, 체험하다
change up 변화를 주다
nail down 확정하다
a dramatic change 큰 변화
set the mood 분위기를 조성하다
lighting fixtures 조명 기구
a whole new location 완전히 새로운 공간, 장소
soothing aroma 편안한 향기
shake up the atmosphere 분위기에 변화를 주다

PATTERN
PRACTICE

010 pull the plug on 중단하다, 취소하다

People pulled the plug on proper vacation plans like traveling overseas.
사람들은 해외여행 같은 제대로 된 휴가 계획을 다 취소했다.

They pulled the plug on the redesign because of the cost.
그들은 비용 문제로 인해 재설계 계획을 취소했다.

We had to pull the plug on the project.
우리는 프로젝트를 중단할 수밖에 없었다.

011 nail down 확정하다

You should start by nailing down what kind of atmosphere you want.
본인이 원하는 방의 분위기를 정해야 한다.

We've nailed down the color, but we still haven't chosen a design.
우리는 색깔은 확정했는데, 아직 디자인은 선택하지 못했다.

I still haven't nailed down a date to do that.
그 일을 할 날짜를 아직 확정하지 않았다.

012 set the mood 분위기를 조성하다

You can set the mood with the lighting.
조명을 통해 공간에 감성을 더해 줄 수 있다.

I tried to set the mood by turning on some music.
나는 음악을 좀 틀어서 분위기를 잡아보려고 했다.

It's hard to set the mood with kids running around.
아이들이 뛰어다니는데 감성적인 분위기를 조성하기는 힘들다.

DIALOGUE PRACTICE

A Wow! The **ambience in your house** has changed a lot.

B Yes. And all I did was to buy some **potted plants** and **lighting fixtures**.

A I **can hardly recognize** the place.

B The lighting doesn't cost much. You should **give it a try**.

A I should too. It looks pretty.

A 우와! 집안 분위기가 많이 달라졌네요.
B 네. 화분하고 조명 몇 개 새로 샀을 뿐인데 그래요.
A 정말 몰라보게 확 바뀌었네요.
B 조명 얼마 안 해요! 한번 해 보세요.
A 그래야겠어요. 예뻐 보여요.

COMPOSITION PRACTICE

1 이번 시도는 이만 중단하고 다시 해 보도록 하자. (pull the plug on)

2 회사에서 아직 가격을 확실하게 책정하지 않았다. (nail down)

3 감성적인 분위기를 조성하기 위해 나는 촛불을 좀 켰다. (set the mood)

4 창문의 방향이 집의 실내 분위기를 크게 바꿀 수 있다. (ambience in a house)

ANSWERS
1. Let's **pull the plug on** this attempt and try again.
2. The company hasn't **nailed down** a price yet.
3. I lit some candles to **set the mood**.
4. The direction of the windows can change the **ambience in a house** a lot.

DAY
05

Board Games

보드게임

음원 05

Today's TOPIC

5th

보드게임은 한국에서 점점 인기를 더해가고 있다. 2000년대 초에 전성기를 누렸었다. 이제 다시 인기를 회복하고 있다. 보드게임은 매우 가족 친화적이다. 가족들이 함께 시간을 보내기 좋은 방법이다. 주사위를 던지고 전략을 짜는 것이 재미있다. 참가자들끼리 팀을 짜고 하면, 경쟁심이 발동할 수도 있다.

보드게임을 즐기기 위한 전용 카페도 있다. 시간제 요금을 내면 방문객들은 다양한 보드게임 중에서 원하는 것을 골라 즐길 수 있다. 친구들이나 커플들이 함께 가는 경우가 많다. 보드게임은 즐거운 시간을 보낼 수 있는 가성비가 좋은 방법이다. 요즘은 직장 동료들도 퇴근 후에 함께 보드게임을 즐기기도 한다.

SPEECH PRACTICE

The popularity of board games 013 is on the rise in Korea. They had their heyday in the early 2000s. Now, they are making a comeback. Board games are very 014 family-friendly. They are a good way to spend some family time. It's fun to roll the dice and devise strategies. People can 015 get competitive when the players are divided into teams.

There are also cafes that are venues for playing board games. For a small hourly fee, visitors can choose from several board games and play. Friends and couples often go together. It's a cost-effective way to have fun. Nowadays, even co-workers sometimes play board games after work.

KEY EXPRESSIONS

board game 보드게임
be on the rise 상승 중이다
have one's heyday 전성기를 누리다
make a comeback 인기를 회복하다
family-friendly 가족 친화적인
spend family time 가족들과 시간을 보내다
roll the dice 주사위를 던지다
devise a strategy 전략을 세우다
get competitive 경쟁심이 발동하다, 승부욕이 생기다
be divided into teams 팀을 나누다
venue 장소
hourly fee 시간제 요금
choose from ~중에서 고르다
cost-effective way 가성비가 좋은 방법
after work 퇴근 후

PATTERN
PRACTICE

013 be on the rise 상승 중이다

The popularity of board games is on the rise in Korea.
보드게임은 한국에서 점점 인기를 더해가고 있다.

The singer's popularity is on the rise.
그 가수의 인기가 상승 중이야.

The number of single people is on the rise.
결혼을 안 한 사람의 수가 늘고 있다.

014 family-friendly 가족 친화적인

Board games are very family-friendly.
보드게임은 매우 가족 친화적이다.

Is this movie family-friendly?
이 영화는 가족이 함께 보기에 적절합니까?

This is a very family-friendly restaurant.
이 음식점은 가족이 함께 가기에 매우 좋다.

015 get competitive 경쟁심이 발동하다, 승부욕이 생기다

People can get competitive when playing board games.
보드게임을 하다 보면 경쟁심이 발동할 수도 있다.

It won't be as fun if you get too competitive.
승부욕이 지나치게 발동되면 재미가 떨어져.

It was a friendly match, but it got competitive.
친선 경기였지만 승부욕이 고조되었다.

DIALOGUE PRACTICE

A Hey, what are you doing this afternoon? Are you busy?

B Not really. I have time. **What's up**?

A We're going to a board game cafe. Do you want to come?

B Yes! **Count me in**! I love board games.

A Great, I'll see you later this afternoon.

A 야, 너 오늘 오후에 뭐 해? 바빠?
B 별로 바쁘지 않아. 시간 있어. 무슨 일이야?
A 우리 보드게임 카페에 갈 건데. 같이 갈래?
B 응! 나도 껴줘! 나 보드게임 정말 좋아하거든.
A 잘됐다. 그럼 이따 오후에 보자.

COMPOSITION PRACTICE

1 커피숍의 수가 늘고 있다. (be on the rise)

2 그 호텔은 가족 친화적이라 마음에 든다. (family-friendly)

3 아무리 바빠도 주말에는 가족과 시간을 보내려고 노력한다. (spend family time)

4 참가자들 사이에 승부욕이 고조되었다. (get competitive)

ANSWERS
1. The number of coffee shops **is on the rise**.
2. I like that hotel because it is **family-friendly**.
3. No matter how busy I get, I try to **spend family time** on weekends.
4. The participants really **got competitive**.

DAY 06

Writing in Diaries

일기 쓰기

음원 06

Today's TOPIC

6th

저는 어떤 웹사이트에 20년간 매일 일기를 써 왔습니다. 종종 중요한 사건을 꽤 긴 글의 일기로 남겨두었습니다. 하지만 대부분은 그저 시간대별로 방문한 장소나 함께한 사람들을 간단히 기록해 두는 정도였습니다.

저는 20년 제 인생이 고스란히 담긴 일기를 볼 때마다 내가 경쟁해야 할 대상은 타인이 아닌 '과거의 나'라는 생각을 해 봅니다. 가끔 매년 같은 날짜에 내가 어디서 무엇을 했는지 찾아봅니다. 1년 전, 5년 전, 또는 10년 전 같은 날보다 오늘의 내가 더 행복하다면 성공이라고 봅니다.

일기에 과거보다 더 좋은 일들을 기록하게 된다면 충분히 잘 살고 있는 것입니다. 오늘도 하루하루 조금 더 행복해지기 위해 충실히 살아보고자 합니다.

SPEECH PRACTICE

I have written in my diary every day for 20 years on a certain website. I wrote long entries from time to time about major incidents. But for the most part, I just 016 **jotted down** the people I met or the places I visited at a given hour.

Whenever I see my diary and its record of 20 years of my life, I get to thinking: my main competition isn't other people. It's my past self. Sometimes, I look up where I went and what I did on a certain day every year. If I am happier today than I was on the same day 1, 5, or 10 years ago, I 017 **consider it a success**.

If I'm recording more positive things in my diary than I did in the past, that means I'm doing well. Today, as ever, I'll do my best to 018 **make strides** and become happier.

KEY EXPRESSIONS

write in one's diary 일기를 쓰다
from time to time 종종
major incident 중대한 사건
for the most part 대부분
jot down 간단히 메모하다, 적어 놓다
at a given hour 특정 시간에
get to thinking 생각하게 되다
main competition 주된 경쟁 상대
one's past self 과거의 자신
look up 찾아보다
consider it a success 성공이라 여기다
do well 잘 하다, 잘 지내다
make strides 발전하다

PATTERN
PRACTICE

016 jot down 간단히 메모하다, 적어 놓다

I just jotted down the people I met or the places I visited.
그저 방문한 장소나 함께한 사람들을 간단히 기록해 두는 정도였습니다.

I'm glad I remembered to jot down notes.
필기를 해 두기를 잘했다는 생각이 든다.

I lost the piece of paper where I jotted down the note.
메모를 해 놓은 종잇조각을 잃어버렸다.

017 consider it a success 성공이라 여기다

If I am happier today than I was on the same day 1, 5, or 10 years ago, I consider it a success.
1년 전, 5년 전, 또는 10년 전 같은 날보다 오늘의 내가 더 행복하다면 성공이라고 봅니다.

It was a bit salty, but I considered it a success.
조금 짰지만, 성공적인 요리라고 생각했다.

He doesn't consider it a success unless he finishes first.
그는 1등이 아니면 성공이라 여기지 않는다.

018 make strides 발전하다

I'll do my best to make strides and become happier.
조금 더 행복해지기 위해 충실히 살아보고자 합니다.

He really made strides in a short period of time.
그는 짧은 기간 동안 정말 크게 발전했다.

I hope that our business will make strides this year.
우리 사업이 올해 잘되기를 바란다.

DIALOGUE PRACTICE

A Do you **keep a diary**?

B Yes, I've been **writing entries** for a few years now.

A It's nice to be able to **look back on** old memories.

B That's right. I think that's **the biggest draw**.

A It also **reminds you of** the emotions you felt **at the time**.

A 다이어리 쓰세요?
B 네, 몇 년 전부터 쓰고 있어요.
A 옛 추억도 되새길 수 있고 좋아요.
B 맞아요. 그게 가장 큰 장점이에요.
A 글을 썼던 당시의 감정들도 생각이 나죠.

COMPOSITION PRACTICE

1 나중에 잊어버릴 수 있으니 번호를 적어 놔야겠다. (jot down)

2 나는 성공했다고 생각했는데, 부모님은 실망하셨다. (consider it a success)

3 작년에 우리는 정말 크게 발전했다. (make strides)

4 이 음식점에 오면 유학 시절이 생각난다. (remind someone of)

ANSWERS
1. I should **jot down** the number, in case I forget it later.
2. I **considered it a success**, but my parents were disappointed.
3. We really **made strides** last year.
4. Visiting this restaurant **reminds me of** when I studied abroad.

DAY
07

Homemade Coffee

집에서 만든 커피

음원 07

Today's TOPIC

7th

최근 들어 가정에서 직접 커피와 차를 내려 마시는 사람이 늘고 있다. 홈 카페의 가장 큰 장점은 시간과 장소에 구애받지 않고, 즐기고 싶은 커피와 차를 마실 수 있다는 점이다.

핸드드립 커피는 맛과 향이 뛰어나며, 다양한 원두를 취향에 따라 선택할 수 있다. 맛있는 핸드드립 커피를 위해서는 먼저 신선한 원두를 준비해야 한다. 볶은 상태의 원두를 수동 그라인더에 적당량을 넣어 가루로 분쇄한다. 그리고 드리퍼를 이용해 분쇄된 원두 가루에서 커피를 추출한다.

이때 커피 향이 강하게 퍼지게 되는데, 그 향에 반해 핸드드립 커피를 선호하는 경우가 많다. 향은 커피를 마시는 내내 코와 입안을 즐겁게 해 준다. 직접 커피를 추출해야 하는 번거로움만 감수할 수 있다면, 핸드드립 커피는 최고의 매력적인 커피이다.

SPEECH PRACTICE

More and more people are brewing coffee and tea by themselves at home. The best part of a home café is that you can drink coffee and tea as you like, 019 regardless of time and place.

Pour-over coffee is known for its great taste and aroma, and you can choose from various beans 020 depending on your taste. For the best pour-over coffee, you have to start with fresh beans. You place an appropriate amount of roasted beans in a manual grinder and grind it into a powder. You can then extract coffee from the ground coffee using a dripper.

This creates a strong coffee aroma, and it's because of this aroma that people often fall for pour-over coffee. The aroma fills your nose and mouth as you drink the coffee. If you can 021 put up with having to extract your coffee yourself, pour-over coffee is the best coffee-brewing method.

KEY EXPRESSIONS

brew coffee and tea 커피와 차를 우려내다
regardless of time and place 시간과 장소를 가리지 않고
pour-over coffee 핸드드립 커피
choose from various 다양한 ~으로부터 선택하다
depending on your taste 취향에 따라
fresh beans 신선한 원두
manual grinder 수동 분쇄기
grind it into a powder 가루로 분쇄하다
ground coffee 간 원두
fall for ~에 매료되다
put up with ~을 감수하다, 감내하다
coffee-brewing method 커피 추출 방식

019 regardless of time and place
시간과 장소를 가리지 않고

You can drink coffee and tea as you like, regardless of time and place.
시간과 장소에 구애받지 않고, 즐기고 싶은 커피와 차를 마실 수 있다.

Thanks to my smartphone, I can read the news regardless of time and place.
스마트폰 덕분에, 나는 시간과 장소를 가리지 않고 뉴스를 읽을 수 있다.

There is always internet access in Korea, regardless of time and place.
한국에서는 시간과 장소에 상관없이 항상 인터넷 접속이 가능하다.

020 depending on your taste 취향에 따라

You can choose from various beans depending on your taste.
취향에 따라 다양한 원두를 선택할 수 있다.

You can add cream or sugar to your coffee, depending on your taste.
기호에 따라 커피에 크림이나 설탕을 첨가할 수 있다.

You can change the color depending on your taste.
취향에 따라 색깔을 변경할 수도 있다.

021 put up with ~을 감수하다, 감내하다

If you can put up with having to extract your coffee yourself, pour-over coffee is the best.
직접 커피를 추출해야 하는 번거로움만 감수할 수 있다면, 핸드드립 커피가 최고다.

Parents have to put up with a lot.
부모들은 많은 것을 감내해야 한다.

I couldn't put up with the noise any longer.
나는 더 이상 소음을 견뎌 내지 못할 지경이 됐다.

DIALOGUE PRACTICE

A How do you prepare coffee at home?

B I just buy **cold-brewed coffee** and **dilute it with water**.

A Oh, I see.

B How do you brew coffee?

A I make pour-over coffee **by hand**. It's **a bit of a hassle**, but it's really delicious.

A 집에서 커피 어떻게 만들어 먹어요?
B 저는 그냥 콜드브루 제품을 사서 물로 희석해 먹어요.
A 아, 그렇군요.
B 어떻게 만들어 드세요?
A 저는 핸드드립으로 만들어 먹어요. 좀 귀찮긴 해도 정말 맛있거든요.

COMPOSITION PRACTICE

1 나는 언제 어디서든 수시로 주가를 확인한다. (regardless of time and place)

2 기호에 맞게 핫소스나 치즈를 첨가할 수 있다. (depending on your taste)

3 그의 부주의한 실수들을 감내하는 것이 이제는 지겹다. (put up with)

4 매번 원두를 분쇄하는 것이 좀 귀찮지만, 커피 맛이 훨씬 좋다. (a bit of a hassle)

ANSWERS
1. I frequently check stock prices, **regardless of time and place**.
2. You can add hot sauce or cheese **depending on your taste**.
3. I'm tired of **putting up with** his careless mistakes.
4. Grinding the beans each time is **a bit of a hassle**, but the coffee tastes much better.

DAY
08

Enjoying Wine

와인 즐기기

음원 08

Today's TOPIC

8th

저는 가끔 와인을 즐깁니다. 몇 가지 알아 두면 좋은 와인에 대한 상식이 있습니다.

다른 사람이 와인을 따라줄 때는 잔을 들지 마세요. 그저 바라보기 민망하면 잔의 베이스에 손을 대고 있으면 됩니다. 와인을 따를 때에는 잔의 1/3 정도를 채우면 적당합니다. 건배를 할 때는 15도 정도 기울여 잔의 볼록한 중간 부분을 가볍게 부딪쳐 줍니다. 좋은 잔일수록 청명한 소리가 납니다.

와인 잔을 들 때는 스템을 잡습니다. 체온이 와인의 맛에 영향을 주지 않기 위해서입니다. 그리고 와인을 원샷하는 것은 매너가 아닙니다. 잔을 가볍게 돌려주고 와인의 향과 맛을 음미하며 한 모금을 천천히 마십니다. 와인의 종류를 바꿔 마실 때는 담백한 빵이나 크래커, 또는 치즈를 중간에 먹습니다. 그런 음식들이 입안을 씻어 내어 기존 와인의 맛을 없애 주는 역할을 합니다.

SPEECH PRACTICE

I enjoy wine from time to time. There is some basic knowledge about wine that often comes in handy.

Don't raise your glass when someone pours wine for you. If you 022 feel self-conscious to just look on, you can place your hand on the base of the glass. When pouring wine, filling the glass a third of the way is about right. When you 023 clink glasses to drink a toast, you should tilt the glass about 15 degrees and lightly tap the bowls together. Higher-end glasses will make a clearer sound.

You should hold a wineglass by its stem. This is to prevent changing the wine's flavor with your body heat. Chugging down wine 024 is a no-no. You should gently swirl your glass, taking in the wine's aroma and flavor as you sip slowly. You can eat some plain white bread, crackers, or cheese when you switch to a different type of wine. This is meant to cleanse your palate and wash away the flavor of the previous wine.

KEY EXPRESSIONS

basic knowledge 기본 상식
come in handy 유용하다, 도움이 되다
raise one's glass 잔을 들다
feel self-conscious 민망하다, 주변이 의식되다
a third of the way 전체 중 1/3까지
about right 적당한, 얼추 맞는
clink glasses 잔을 마주치다
drink a toast 건배를 하다
high-end 고급의
hold a wineglass by its stem 와인 잔의 손잡이 부분을 잡다
chug down 벌컥벌컥 마시다
be a no-no 매너에 어긋나다, 금지되다
gently swirl (잔의 내용물을) 가볍게 돌리다
take in 음미하다, 감상하다
plain white bread 담백한 식빵
cleanse one's palate 입 안을(잔향 등을) 씻어 내다, 입가심하다

PATTERN PRACTICE

022 feel self-conscious 민망하다, 주변이 의식되다

If you feel self-conscious to just look on, you can place your hand on the base of the glass.
그저 바라보기 민망하면 잔의 베이스에 손을 대고 있으면 됩니다.

I feel self-conscious whenever I wear new clothes.
나는 새 옷을 입을 때마다 주변의 시선을 의식하게 된다.

My friends were so noisy that I felt self-conscious.
친구들이 너무 시끄러워서 민망했다.

023 clink glasses 잔을 마주치다

When you clink glasses to drink a toast, you should lightly tap the bowls together.
건배를 할 때는 잔의 볼록한 중간 부분을 가볍게 부딪쳐 줍니다.

We clinked glasses without saying anything.
우리는 아무 말도 없이 건배를 했다.

It's rude to clink glasses at a funeral.
장례식장에서 건배를 하는 것은 예의에 어긋난다.

024 be a no-no 매너에 어긋나다, 금지되다

Chugging down wine is a no-no.
와인을 원샷하는 것은 매너가 아닙니다.

Sticking your chopsticks in rice is a no-no in some households.
젓가락을 밥에 꽂는 것을 금기시하는 집안도 있다.

Eating late at night is a no-no if you want to lose weight.
살을 빼려면 늦은 시간에 뭘 먹는 것은 삼가야 한다.

DIALOGUE PRACTICE

A It's good to **sip at** a glass of water and **stay hydrated** when you drink red wine.

B Is that so?

A Yes. Also, **it's a good idea to** use a napkin to **wipe your lips** frequently.

B Why is that?

A Otherwise, your teeth and lips might look reddish brown when you talk.

A 레드 와인을 마실 때는 수분 보충도 할 겸 중간중간 물을 마시는 게 좋아요.
B 그래요?
A 네. 냅킨을 이용하여 입술 주변을 자주 닦아주는 것도 좋고요.
B 왜요?
A 대화할 때 적갈색의 치아와 입술을 보일 수 있기 때문이에요.

COMPOSITION PRACTICE

1 나는 청바지를 입으면 주변의 시선을 의식하게 된다. (feel self-conscious)

2 우리는 연거푸 서로 건배를 했다. (clink glasses)

3 한국에서는 실내에서 신발을 신고 있으면 안 된다. (be a no-no)

4 술을 마실 때 계속해서 수분 보충을 해 주면 숙취를 예방할 수 있다. (stay hydrated)

ANSWERS
1. I **feel self-conscious** when I wear jeans.
2. We **clinked glasses** again and again.
3. Wearing shoes indoors **is a no-no** in Korea.
4. You can prevent a hangover if you **stay hydrated** when you drink.

DAY 09

Reading Storybooks to Children

음원 09

아이에게 그림책 읽어 주기

Today's TOPIC

9th

아이와의 가장 행복한 기억을 고르라면, 서점에 같이 가서 책을 고르고, 함께 읽은 시간일 것이다. 특히 딸과 영어 그림책을 읽은 것을 애틋하게 기억한다. 우리는 등장인물들에 대해 이야기를 나누고, 연극처럼 직접 연기도 해 보았다.

아이들은 내가 생각지도 못한 부분에서 크게 웃음보가 터지곤 한다. 그리고 그림을 묘사하는 부분에서 내가 일부러 틀리게 말하면, 아이는 금방 알아차리고 반응을 보인다.

그림책은 모양과 크기가 각각 다르다. 서체도 모두 다르고 책마다 구성도 다 다르다. 그래서 아이들에게 매력적인 놀잇감이다. 어쩌면 그림책을 얼마나 잘 읽어 주느냐 하는 것은 중요하지 않을지도 모른다. 중요한 것은 엄마의 목소리로 읽어 주고, 아이와 눈을 마주치며, 딸이 행복한 시간을 보낸 그 추억을 기억하도록 해 주는 것 같다.

SPEECH PRACTICE

If I had to choose my happiest memory with my child, it would be visiting a bookstore to pick out a book and reading it together. I fondly remember reading English storybooks with my daughter. We had conversations about the characters, and acted out the stories as plays.

My kids crack up over parts of the stories I never expected. And if I purposely make a mistake in parts that describe the pictures, they notice right away and react.

Storybooks 025 come in all shapes and sizes. Their fonts are all different, and each book is composed differently. This makes them an enticing plaything for kids. Maybe how well I read the book is 026 beside the point. What's important is to read in mom's voice, 027 make eye contact with the kids, and let my daughter recall those happy times.

KEY EXPRESSIONS

happiest memory 가장 행복한 기억
pick out a book 책을 고르다
fondly remember 좋게 추억하다
have a conversation about
~에 대한 대화를 나누다
act out a story 이야기를 연기하다
crack up 크게 웃다
purposely make a mistake
일부러 실수하다
notice right away 곧바로 알아차리다
come in all shapes and sizes 각양각색이다
be composed differently 구성이 다르다
enticing plaything 매력적인 놀잇감
beside the point
핵심이 아닌, 그리 중요하지 않은
make eye contact 눈을 마주치다

PATTERN
PRACTICE

025 come in all shapes and sizes 각양각색이다

Storybooks come in all shapes and sizes.
그림책은 모양과 크기가 각각 다르다.

Before smartphones, mobile phones came in all shapes and sizes.
스마트폰이 생기기 전에는 휴대 전화의 형태가 각양각색이었다.

People come in all shapes and sizes.
사람들은 누구나 외모가 다르다.

026 beside the point 핵심이 아닌, 그리 중요하지 않은

Maybe how well I read the book is beside the point.
어쩌면 그림책을 얼마나 잘 읽어 주느냐 하는 것은 중요하지 않을지도 모른다.

Your objection is beside the point.
당신의 이의는 핵심에서 벗어난 것이다.

Whether you win or lose is beside the point.
이기는지 지는지는 중요한 것이 아니다.

027 make eye contact 눈을 마주치다

What's important is to make eye contact with the kids.
중요한 것은 아이와 눈을 마주치는 것이다.

My dog doesn't make eye contact when she does something wrong.
우리 개는 뭔가 잘못하면 눈을 마주치지 않는다.

You should remember to make eye contact during an interview.
면접을 볼 때는 반드시 눈을 마주쳐야 한다.

DIALOGUE PRACTICE

A Do you read English storybooks to your child?

B Sure. We **read aloud** together every night when I **tuck her in**.

A Same here.

B If it's a book we've read many times, she **knows it by heart**.

A That's right. My son is the same way.

A 아이에게 영어 그림책 읽어 주시죠?
B 네. 밤마다 잠자리에 들 때 같이 소리 내서 읽어 줘요.
A 저도 그래요.
B 여러 번 읽은 책은 아이가 외우다시피 해요.
A 맞아요. 제 아들도 그래요.

COMPOSITION PRACTICE

1 요즘은 냉장고의 형태와 크기가 다양하다. (come in all shapes and sizes)

2 가격이 너무 비싸지만, 그건 중요한 것이 아니다. (beside the point)

3 나는 대화를 하는 모든 사람과 눈을 마주치려고 한다. (make eye contact)

4 나는 아들을 잠자리에 눕힐 때 책을 읽어 준다. (tuck someone in)

ANSWERS
1. Refrigerators **come in all shapes and sizes** these days.
2. It's too expensive, but that's **beside the point**.
3. I try to **make eye contact** with everyone I speak to.
4. I read a book to my son when I **tuck him in**.

DAY 10

Cooking

요리하기

음원 10

Today's TOPIC

10th

저는 중2, 초등학교 6학년인 두 딸이 있는 평범한 40대 남자입니다. TV에는 다양한 콘셉트의 요리 프로그램이 방송되고 있습니다. 3년 전쯤, 한 요리 프로그램을 보고 있는데 막내딸이 "아빠도 저 셰프처럼 우리에게 요리해 주면 너무 좋겠다."라고 말했습니다. 그래서 그 자리에서 해 주겠다고 약속했습니다.

그런데 솔직히 조금 걱정이 되긴 했습니다. 그때까지 단 한 번도 요리를 해 본 적이 없어서 요리에 대해 전혀 몰랐기 때문입니다. 그래서 만들기 가장 쉬울 거라 생각한 볶음밥을 만들어 보기로 했습니다. 그러나 의욕적으로 시작한 첫 요리는 재료를 준비할 때부터 커다란 위기에 처했습니다. 채소를 다듬는 데만 꼬박 2시간이 걸렸기 때문입니다.

그 후로 3년이 지났습니다. 지금은 아이들이 좋아하는 파스타, 중국 요리, 기본적인 한식 등 웬만한 요리는 짧은 시간 안에 거뜬히 해내고 있습니다. 물론, 온 가족이 음식 맛에 매우 만족하고 있습니다.

SPEECH PRACTICE

I am an ordinary 40-something dad of two girls, an 8th grader and a 6th grader. Various types of cooking shows can be seen on TV. We were watching one of those shows about three years ago, when my younger daughter said 'I wish you would cook for us like those chefs.' Right on the spot, I promised I would do just that.

But to be honest, I was worried. I had never cooked before and 028 didn't know the first thing about it. I decided to make fried rice, the easiest dish I could think of. I started cooking for the first time 029 in high spirits, but I faced a major hurdle right away while 030 prepping the ingredients. It took me two hours just to prepare the vegetables.

3 years have passed since then. Now, I can quickly whip up dishes my daughters like, including pasta, Chinese food, and basic Korean dishes. And of course, the whole family is satisfied with the results.

KEY EXPRESSIONS

40-something 40대의
cooking show 요리 프로그램
right on the spot 바로 그 자리에서
do just that 바로 그렇게 하다
not know the first thing about ~에 대해 전혀 모르다
fried rice 볶음밥
in high spirits 의욕적으로, 기쁜 마음으로
face a major hurdle 큰 난관에 봉착하다
prep the ingredients 재료 손질을 하다
whip up 손쉽게 조리하다
be satisfied with ~에 만족하다

PATTERN
PRACTICE

028 not know the first thing about ~에 대해 전혀 모르다

I didn't know the first thing about cooking.
요리에 대해 전혀 몰랐습니다.

I do not know the first thing about camping.
나는 캠핑에 대해 전혀 아는 것이 없다.

I'd like to help, but I do not know the first thing about investing money.
나는 도움을 주고 싶지만, 투자 방면에는 전혀 문외한이다.

029 in high spirits 의욕적으로, 기쁜 마음으로

I started cooking for the first time in high spirits.
의욕적으로 첫 요리를 시작했습니다.

We started in high spirits, but soon became tired.
우리는 처음엔 가벼운 마음으로 시작했지만, 이내 지쳐버렸다.

He's still in the hospital, but he is in high spirits.
그는 아직 입원 중이지만, 의욕이 넘치고 있다.

030 prep the ingredients 재료 손질을 하다

I had problems right away while prepping the ingredients.
재료를 준비할 때부터 곧바로 문제가 생겼습니다.

If you get a meal kit, you don't need to prep the ingredients.
밀키트를 구입하면 재료 손질을 할 필요가 없다.

Prepping the ingredients is the most difficult part of this recipe.
이 조리법의 가장 어려운 부분은 재료 손질이다.

DIALOGUE PRACTICE

A I've been **taking cooking lessons**, for my kids.

B Really?

A Yes. On weekends, I **make it a point to** cook for them.

B They must really **get a kick out of** that!

A It **took forever** at first, but now it's **no sweat**.

A 아이들을 위해 요리를 배웠어요.
B 정말요?
A 네. 주말에는 항상 아이들에게 요리를 해 줘요.
B 아이들이 너무 좋아하겠어요!
A 처음에는 오래 걸렸는데, 지금은 뚝딱 해요.

COMPOSITION PRACTICE

1 나는 주식 시장에 대해서는 전혀 문외한이다. (not know the first thing about)

2 추운 날씨에도 불구하고 모두들 의욕이 넘쳤다. (in high spirits)

3 나는 그녀가 재료 준비하는 것을 도왔다. (prep the ingredients)

4 요즘은 온라인으로도 간편하게 요리 수업을 들을 수 있다. (take cooking lessons)

ANSWERS
1. I **don't know the first thing about** the stock market.
2. Everyone was **in high spirits**, despite the cold weather.
3. I helped her **prep the ingredients**.
4. It's easy to **take cooking lessons** online these days.

DAY 11

Going to the Libraries

도서관 가기

음원 11

Today's TOPIC

11th

우리 동네에 제법 큰 시립 도서관이 하나 있다. 수많은 책이 있고, 멀티미디어를 이용한 각종 자료를 열람할 수 있어서 종종 가는 편이다. 시(市)에서 운영하는 도서관이어서, 무료로 이용할 수 있다. 원하는 책을 현장에서 읽는 경우도 있고, 대출해서 가지고 나오는 경우도 있다. 책을 대출하면, 반납 날짜에 맞춰 반납해야 한다. 늦게 반납하면 연체료를 물어야 한다.

학교 중간고사나 기말고사 기간에는 시험공부를 하는 학생들로 도서관이 꽉 찬다. 노트북을 펴 놓고 일을 하거나 뭔가를 조사하는 사람들도 있다. 도서관 전체에 무선 인터넷을 무료로 사용할 수 있게 되어 있고, 노트북을 충전할 수 있는 책상들도 있다. 도서관이 산 옆에 있고 공기도 좋은 편이어서, 책을 읽다가 산책하기도 한다. 이용객들이 식사할 수 있는 구내 식당이 도서관 별관에 있기도 하다.

SPEECH PRACTICE

There is a city library of considerable size in our neighborhood. There are many books, and visitors can browse through lots of multimedia content, so I go there occasionally. Since the library is managed by the city, 031 there's no charge. I sometimes read books on the premises, and sometimes I borrow them. When I borrow a book, I have to return it by the 032 due-date. If I miss the deadline, I have to pay a late fee.

When it's midterm season or finals season at schools, the library is teeming with students doing 033 test-prep. There are also people working on laptops or doing research. There is free Wi-Fi in every corner of the library, and there are desks where you can juice up your laptop. The library is located next to a mountain and the air is clean, so sometimes I stop reading and go for a stroll. There is also a cafeteria in the library annex where users can grab a bite.

KEY EXPRESSIONS

of considerable size 상당한 크기의
browse through 훑어보다
multimedia content 멀티미디어 자료
there is a/no charge 요금이 있다/없다
on the premises 현장에서
due-date 기한, 만기일
miss the deadline 기한을 넘기다
late fee 연체료
midterm/finals season 중간/기말고사 기간
teeming with ~으로 가득한
test-prep 시험공부
in every corner of 전역에서
juice up 충전하다
go for a stroll 산책하다
library annex 도서관 별관
grab a bite (간단하게) 식사하다

PATTERN
PRACTICE

031 there is a/no charge 요금이 있다/없다

Since the library is managed by the city, there's no charge.
시(市)에서 운영하는 도서관이어서, 무료로 이용할 수 있다.

There is no charge for younger children.
어린아이들은 요금을 지불하지 않아도 된다.

There is a charge if you stay longer than two hours.
두 시간 이상 있으면 요금이 붙어.

032 due-date 기한, 만기일

When I borrow a book, I have to return it by the due-date.
책을 대출하면 반납 날짜에 맞춰 반납해야 한다.

I had to stay up late to finish by the due-date.
기한에 맞춰 끝마치려고 늦게까지 깨어 있어야 했다.

I forgot to return the book by the due-date.
반납일에 책을 반납하는 것을 잊어버렸다.

033 test-prep 시험공부

The library is full of students doing test-prep.
시험공부를 하는 학생들로 도서관이 꽉 찬다.

We all helped each other with test-prep.
우리는 모두가 서로를 도우며 시험공부를 했다.

These days, lots of people do test-prep at cafés.
요즘은 카페에서 시험공부를 하는 사람이 많다.

DIALOGUE PRACTICE

A What are you doing this weekend? Do you want to meet at an internet cafe?

B No thanks. I'm going to the library tomorrow. I'll be there all day.

A The library? That **sounds boring**. I don't like to read on weekends.

B **You're missing out**. There's so much to do at the library aside from reading.

A I know, but I still don't like going to the library.

A 주말에 뭐 해? PC방에서 만날까?
B 사양할게. 난 내일 도서관에 가. 하루 종일 있을 예정이야.
A 도서관이라고? 재미없을 것 같은데. 난 주말에 책 읽는 것은 별로야.
B 너 손해를 보고 있는 거야. 도서관에는 독서 말고도 할 것이 정말 많다고.
A 알아, 그래도 도서관은 가기 싫어.

COMPOSITION PRACTICE

1 이어폰을 충전하는 것을 잊어버려서 운동을 하지 않았다. (juice up)

2 마감일 직전까지 보고서 작성을 시작하지 않았다. (due-date)

3 간단하게 식사하고 이야기를 하려고 친구들을 만났다. (grab a bite)

4 금요일에는 무료로 박물관에 입장할 수 있다. (there is no charge)

ANSWERS
1. I didn't work out because I forgot to **juice up** my earphones.
2. I didn't begin to write my report until just before the **due-date**.
3. I met my friends to **grab a bite** and talk.
4. **There is no charge** to enter the museum on Fridays.

DAY 12

Learning to Dance

음원 12

춤 배우기

Today's TOPIC

12th

춤은 나의 취미이자 스트레스를 푸는 방법이다. 춤은 종류가 다양하지만, 특히 아이돌 그룹의 노래와 안무를 빼놓을 수 없다. K-pop 안무를 커버하여 SNS에 영상을 올리는 사람도 요즘 많이 볼 수 있다.

춤을 추면 단순히 노래를 듣거나 따라 부르는 것보다 훨씬 더 음악을 즐길 수 있다. 또한 격한 동작을 따라 하다 보면, 칼로리가 많이 소모되어 다이어트에도 도움이 된다.

처음엔 빠른 음악에 맞춰 몸을 움직이는 것이 쉽지 않았다. 그러나 몇 년 동안 취미를 이어오면서, 춤을 배우는 속도가 빨라졌다. 댄스 학원에 가서 춤을 배울 수도 있다. 하지만 요즘은 유튜브에 올라오는 튜토리얼 영상을 보고 혼자서 안무를 익히는 것도 그리 어렵지 않다.

SPEECH PRACTICE

Dancing is my hobby, the way I blow off steam. There are various styles of dance, but the songs and choreography of boy bands and girl groups are high on the list. Many people these days 034 perform covers of K-pop choreography and post videos on social media.

You can enjoy music more fully by dancing, compared to just listening or singing along. And copying the vigorous motions does wonders for one's diet, since it 035 burns a lot of calories.

It wasn't easy at first to move my body 036 in time with fast-paced music. But after sticking with my hobby for several years, I can now learn dance moves much more quickly. I could take lessons at a dance academy. But nowadays, it's not so hard to learn the choreography on my own, using tutorial videos on YouTube.

KEY EXPRESSIONS

blow off steam 스트레스를 풀다
boy bands 남성 아이돌 그룹
girl groups 여성 아이돌 그룹
high on the list 대표적인, 순위가 높은
perform a cover
남의 퍼포먼스를 따라 하다, 재해석하다
sing along 따라 부르다
do wonders for ~에 크게 도움이 되다
burn a lot of calories
칼로리를 많이 소모하다
in time with ~의 박자에 맞춰
dance moves 춤 동작
take lessons 강습을 받다
on one's own 스스로
tutorial videos 지도 영상

PATTERN
PRACTICE

034 perform a cover 남의 퍼포먼스를 따라 하다, 재해석하다

Many people perform covers of K-pop choreography and post videos on social media.
K-pop 안무를 커버하여 SNS에 영상을 올리는 사람도 많이 볼 수 있다.

He first became famous by performing covers on YouTube.
그는 처음에 유튜브에서 다른 가수들의 노래를 따라 부르며 유명세를 탔다.

Most applicants perform a cover for their audition.
대부분의 지원자가 오디션 때 남의 퍼포먼스를 따라 한다.

035 burn a lot of calories 칼로리를 많이 소모하다

Copying the vigorous motions burns a lot of calories.
격한 동작을 따라 하다 보면 칼로리가 많이 소모된다.

You can burn a lot of calories simply by walking to and from work.
출퇴근을 도보로 하는 것만으로도 칼로리를 많이 소모할 수 있다.

Running burns a lot of calories, but it takes a lot of time.
달리기를 하면 칼로리를 많이 소모하지만, 시간이 많이 소요된다.

036 in time with ~의 박자에 맞춰

It wasn't easy at first to move my body in time with fast-paced music.
처음엔 빠른 음악에 맞춰 몸을 움직이는 것이 쉽지 않았다.

For this game, you need to move in time with the music.
이 게임은 음악의 박자에 맞춰 동작을 취해야 한다.

We clapped our hands in time with the song.
우리는 노래의 박자에 맞춰 손뼉을 쳤다.

DIALOGUE PRACTICE

A I saw your dance video. It was great.

B Thank you! It was a **cover version** of a boy band's choreography that I practiced.

A Did you **take dance lessons**?

B I learned it myself, by **following along** with videos online at home.

A Really? That's amazing.

A 올리신 댄스 영상 봤어요. 정말 멋져요.
B 감사해요! 아이돌 노래의 안무를 연습해서 커버한 거예요.
A 댄스 레슨 받은 거예요?
B 집에서 인터넷 영상을 보고 따라 하면서 혼자 배운 거예요.
A 정말요? 대단해요.

COMPOSITION PRACTICE

1 그 가수는 90년대 히트곡을 재해석했다. (perform a cover)

2 계단을 걸어 오르면 열량을 많이 소모할 수 있다. (burn a lot of calories)

3 나는 음악의 박자에 맞춰 고개를 끄덕거렸다. (in time with)

4 배울 수 있는 가장 좋은 방법은 전문가를 따라 하는 것이다. (follow along)

ANSWERS
1. The singer **performed a cover** of a hit from the 90s.
2. Walking up stairs **burns a lot of calories**.
3. I nodded my head **in time with** the music.
4. The best way to learn is to **follow along** with an expert.

DAY
13

Fortune Telling

운세 보기

음원 13

Today's TOPIC

13th

한 해가 시작되면 토정비결을 보는 사람이 많다. 본인의 미래에 어떤 일들이 일어날지에 대해 미리 가늠해 보기 위해서이다. 사람들이 태어난 해를 기준으로 그 해의 자세한 운세가 인터넷에도 나와 있다.

어떤 사람들은 사주 카페를 찾아 그들의 사주를 보기도 한다. 요즘은 이런 카페들이 자유롭고 매우 편안한 분위기여서 부담 없이 갈 수 있다. 이곳에 가면 점술인들이 생년월일과 태어난 시간을 물어본다. 그것을 바탕으로 올해 본인의 사업운, 연애운, 건강운 등에 대한 이야기를 해 준다. 궁금한 점이 있으면 물어보고 더 세부적인 설명을 들을 수도 있다.

물론 이러한 운세를 곧이곧대로 다 믿는 사람은 아무도 없다. 대부분 재미 삼아 보는 경우가 많다. 또한 새해를 더욱 의욕적으로 시작하기 위해 사주를 보는 사람들도 있다.

SPEECH PRACTICE

When the New Year kicks off, many people have their fortunes told in the oriental method. They do it to 037 catch a glimpse of what lies ahead in their future. Detailed fortune readings for the year are also available online, depending on what year a person was born.

Some people visit fortune-telling cafes. These days, such cafes have a laid-back vibe and they are very comfortable, so people visit without hesitation. Fortune-tellers ask visitors their year, month, date and hour of birth. Based on this information, they discuss fortunes in terms of business, love life and health. If you have any burning questions, you can ask for more detailed explanations.

Of course, nobody believes these fortunes 038 at face value. Most people do it for kicks. Others do it to 039 hit the ground running in the new year.

KEY EXPRESSIONS

kick off 시작하다
have one's fortune told 운세를 보다
in the oriental method 동양 방식으로
catch a glimpse of 엿보다
what lies ahead 앞으로 발생할 일
fortune reading 운세
fortune-telling cafe 운세(사주) 카페
laid-back vibe 자유로운 분위기
without hesitation 부담 없이, 주저 없이
in terms of ~와 관련해
love life 연애 생활
burning question 매우 궁금한 점
detailed explanation 상세한 설명
at face value 있는 그대로
do something for kicks 재미로 하다
hit the ground running 의욕적으로 시작하다

PATTERN
PRACTICE

037 catch a glimpse of 엿보다

They do it to catch a glimpse of their future.
본인의 미래를 미리 가늠해 보기 위해서 한다.

Fans waited outside to catch a glimpse of the idol star.
팬들은 잠깐이라도 아이돌 스타를 엿보기 위해 밖에서 기다렸다.

You can catch a glimpse of the book in this excerpt.
이 발췌를 통해 책의 일부를 엿볼 수 있다.

038 at face value 있는 그대로

Nobody believes these fortunes at face value.
이 운세를 곧이곧대로 다 믿는 사람은 아무도 없다.

Instead of thinking too much, just take it at face value.
너무 고민하지 말고 그냥 있는 그대로 받아들여.

You should never take what he says at face value.
그가 하는 말은 있는 그대로 받아들여서는 안 된다.

039 hit the ground running 의욕적으로 시작하다

Some people do it to hit the ground running in the new year.
새해를 더욱 의욕적으로 시작하기 위해 하는 사람들도 있다.

When I returned to work from my vacation, I hit the ground running.
휴가에서 돌아와서는 의욕적으로 일을 시작했다.

To hit the ground running, we slept early the night before.
의욕적으로 시작하기 위해 우리는 전날 밤에 일찍 잠들었다.

DIALOGUE PRACTICE

A What do you want to do tonight after dinner?

B Why don't we go to get our fortunes told? I know a great place.

A Fortune telling? That's **a waste of time**. I don't believe in it at all.

B Relax, **it's just for laughs**. We can do something else if you feel that way.

A Yeah, let's do something more worthwhile.

A 오늘 저녁 먹고 뭐 할까?
B 사주 보러 가는 건 어때? 내가 아주 용한 곳을 알거든.
A 사주라고? 그건 시간 낭비야. 난 사주를 전혀 믿지 않는다고.
B 진정해, 그냥 재미 삼아 보는 거야. 정 그렇다면 다른 것을 해도 돼.
A 그래, 좀 더 가치 있는 것을 하자.

COMPOSITION PRACTICE

1 영화가 개봉하기 전에 일부를 엿볼 수 있었다. (catch a glimpse of)

2 주말에는 사무실 분위기가 자유로웠다. (laid-back vibe)

3 누군가에게 연애 생활에 대해 묻는 것은 무례하다고 생각한다. (love life)

4 그가 하는 말을 곧이곧대로 믿으면 실망할 수도 있어. (at face value)

ANSWERS
1. I was able to **catch a glimpse of** the movie before it was released.
2. There was a **laid-back vibe** at the office on the weekend.
3. I think it's rude to ask someone about their **love life**.
4. If you accept what he says **at face value**, you might be disappointed.

DAY 14

Reading Comic Books

음원 14

만화책 읽기

Today's TOPIC

14th

어렸을 때 만화책을 종종 읽었던 기억이 난다. 당시에는 이렇게 컴퓨터 게임이 발달했던 시절이 아니었다. 그래서 만화책을 읽는 것이 큰 오락거리 중의 하나였다. 방학 때 밤늦게까지 만화책을 읽기도 했다. 앉은 자리에서 만화책 수십 권을 한꺼번에 읽었다. 성인이 되서도 만화책을 읽는다. 성인을 대상으로 한 만화도 수없이 많다. 요즘은 만화를 읽을 수 있는 카페도 많아졌고, 웹상에도 만화책이 있다. 만화책을 접하기가 더욱 쉬워졌다.

웹툰은 인터넷상에 발행되는 만화이다. 요즘 정말 엄청난 인기를 누리고 있다. 구독자 수가 몇 년 전에 비해서 크게 증가했다. 사람들이 컴퓨터와 휴대용 기기에 익숙해져서, 스크린 화면으로 만화를 보는 것을 아무렇지도 않게 생각한다. 인기 웹툰 작가들의 작품은 큰 반향을 일으키기도 한다. 요즘은 웹툰 만화가를 양성하는 학원이나 대학교 전공이 생겨났을 정도이다. 인기 웹툰은 TV 드라마나, 심지어 영화로 제작되기도 한다.

SPEECH PRACTICE

I remember reading comic books sometimes as a kid. Back then, computer games weren't as advanced. Reading comic books was a big 040 source of entertainment. During vacation, I sometimes read late into the night. I read dozens of comic books 041 in one sitting. Even as an adult, I still read comic books. There are countless titles aimed at grown-ups. These days, there are cafés for reading comics, as well as online comics. It's easier than ever to read them.

Web cartoons or 'webtoons' are comics that are published online. They are wildly popular these days. The number of subscribers has risen exponentially in the past few years. People have grown accustomed to computers and mobile devices, so they think nothing of reading comics on screens. Works by popular webtoon authors can cause a sensation. These days, there are even private academies and college majors devoted to training webtoon authors. Popular works 042 are adapted into TV series or even movies.

KEY EXPRESSIONS

as a kid/as an adult 어린 시절에/어른이 되어서
source of entertainment 오락거리
late into the night 밤늦은 시간까지
dozens of 수십 개의
in one sitting 앉은 자리에서
aimed at ~을 대상으로 하는
easier than ever 어느 때보다도 쉬운
wildly popular 매우 인기 있는
rise exponentially 기하급수적으로 늘어나다
grow accustomed to ~에 익숙해지다
mobile device 모바일 기기
think nothing of 대수롭지 않게 생각하다
cause a sensation 큰 반향을 일으키다
private academy 사설 학원
college major 대학교 전공
devoted to 오로지 ~을 위한
be adapted into ~으로 각색하다, 제작하다

PATTERN PRACTICE

040 source of entertainment 오락거리

Reading comic books was a big source of entertainment.

만화책을 읽는 것이 큰 오락거리 중의 하나였다.

Mobile games are a popular source of entertainment these days.

요즘은 모바일 게임이 인기 있는 오락거리이다.

Movies are my favorite source of entertainment.

내가 가장 좋아하는 오락거리는 영화이다.

041 in one sitting 앉은 자리에서

I read dozens of comic books in one sitting.

앉은 자리에서 만화책 수십 권을 한꺼번에 읽었다.

I ate it all in one sitting.

앉은 자리에서 다 먹어버렸어.

There's too much work to finish in one sitting.

앉은 자리에서 다 끝마치기에는 일이 너무 많아.

042 be adapted into ~으로 각색하다, 제작하다

Popular works are adapted into TV series or even movies.

인기 작품은 TV 드라마나, 심지어 영화로 제작되기도 한다.

I hope this book will be adapted into a movie.

이 책이 영화로 제작되면 좋겠어.

The story is too short to be adapted into a TV show.

TV 시리즈로 각색되기에는 이야기가 너무 짧아.

DIALOGUE PRACTICE

A Have you read this new webtoon? It's so funny.

B No, I've never seen it before. Do you think I'll like it?

A **It was made for you**. I thought of you as soon as I saw it.

B Okay, I'll try it. I was looking for something to read **during my commute**.

A Good. I'll send you the link later on.

A 이 새로 나온 웹툰 읽어 봤어? 정말 웃겨.
B 아니, 처음 보는 것 같아. 내 마음에 들 것 같아?
A 딱 네 취향이야. 보자마자 네 생각부터 났어.
B 알았어, 한번 읽어 볼게. 안 그래도 출퇴근길에 읽을거리를 찾고 있었어.
A 잘됐네. 이따가 링크 보내 줄게.

COMPOSITION PRACTICE

1 리조트에 다양한 오락거리가 있어. (source of entertainment)

2 금요일이라 밤늦은 시간까지 술을 마셨다. (late into the night)

3 이렇게 일찍 일어나는 것은 아직도 적응이 안 돼. (grow accustomed to)

4 이 책이 영화로 제작될 거라고 들었어. (be adapted into)

ANSWERS
1. There are many **sources of entertainment** at the resort.
2. It was Friday, so we drank **late into the night**.
3. I still haven't **grown accustomed to** waking up so early.
4. I hear that this book will **be adapted into** a movie.

DAY
15

Volunteer Work

봉사활동

음원 15

Today's TOPIC

15th

'마을 학교 만들기'는 마을을 생각하는 엄마들의 따뜻한 마음을 모아서 시작하게 된 사업입니다. 저희 지역 엄마들은 전문 강사에게 영어, 보드게임, 전통 놀이, 컴퓨터 코딩의 지도 기술을 배웁니다. 그리고 이러한 강화된 역량을 활용하여, 지역 내 저소득층 아동들을 위한 돌봄 선생님으로 활동합니다.

저와 스터디 회원들이 참여하고 있는 분야는 영어 수업입니다. 복지 센터 돌봄 교실에서 저희는 아이들에게 영어 그림책 읽는 수업을 진행하고 있습니다. 아이들에게 엄마처럼 책을 읽어 주고, 놀이 활동을 같이 합니다.

배운 것을 이렇게 좋은 일에 활용하고 나누니 참 뿌듯합니다. 또한 우리에게도 영어 실력을 향상시키는 데 큰 동기 부여가 되고 있습니다.

SPEECH PRACTICE

Establishing 'village schools' is a project started by moms looking out for their village, 043 out of the goodness of their hearts. Our local moms learn teaching techniques for English, board games, traditional games, and computer coding from expert instructors. Then, we 044 make full use of these strengthened abilities to act as childcare instructors for local children from low-income families.

I am active with my fellow study group members in English lessons. In daycare classes at the local welfare center, we read picture books in English to the kids. We read to the kids like their moms, and play with them.

045 Putting what we've learned to good use and sharing this way really fills me with pride. Plus, it motivates us to improve our English as well.

KEY EXPRESSIONS

look out for ~을 생각하다, 챙기다
out of the goodness of one's heart
선한 마음으로
teaching techniques 지도 기술, 교수법
computer coding 컴퓨터 코딩
expert instructor 전문 강사
make full use of ~을 적극 활용하다
strengthened abilities 강화된 역량
low-income family 저소득 가정
fellow study group member
스터디 모임 동료 회원
welfare center 복지 센터
read a picture book 그림책을 읽다
put what one has learned to good use
배운 것을 적극 활용하다
fill someone with pride
뿌듯함, 자부심을 느끼게 하다
motivate someone to
~하도록 동기 부여를 하다

PATTERN
PRACTICE

043 out of the goodness of one's heart
선한 마음으로

Establishing 'village schools' is a project started by moms out of the goodness of their hearts.
'마을 학교 만들기'는 마을을 생각하는 엄마들의 따뜻한 마음을 모아서 시작하게 된 사업입니다.

We sold items people donated out of the goodness of their hearts.
우리는 사람들이 선한 마음으로 기증한 물건들을 판매했다.

I offered to help out of the goodness of my heart.
나는 선한 마음으로 도움을 주겠다고 말했다.

044 make full use of ~을 적극 활용하다

We make full use of these abilities to act as childcare instructors.
저희는 이러한 역량을 적극 활용하여 돌봄 선생님으로 활동합니다.

I try to make full use of the expressions I learn each day.
나는 매일 배우는 표현들을 적극 활용하려고 노력한다.

I don't know how to make full use of all the functions.
나는 모든 기능을 전부 활용할 줄은 모른다.

045 put what one has learned to good use
배운 것을 적극 활용하다

Putting what we've learned to good use and sharing this way really makes me feel proud.
배운 것을 이렇게 좋은 일에 활용하고 나누니 참 뿌듯합니다.

After taking cooking lessons, I put what I had learned to good use.
나는 요리 수업을 듣고, 배운 내용을 적극 활용했다.

You can always put what you have learned to good use.
네가 배운 것을 언제나 적극 활용할 수 있다.

DIALOGUE PRACTICE

A The members of our study group **are active as** English teachers at the welfare center.

B Oh, really?

A Yes. We **apply what we've learned** and read picture books to the kids.

B That's wonderful.

A It also **serves as an opportunity** for us to **hit the books** and study English even harder.

A 우리 스터디 회원들은 복지 센터에서 영어 선생님으로 활동해요.
B 아, 정말요?
A 네. 배운 내용을 가지고 아이들에게 그림책을 읽어 줘요.
B 너무 멋지네요.
A 우리도 영어 공부를 더 열심히 하는 계기가 돼요.

COMPOSITION PRACTICE

1 그는 그 일을 선한 마음으로 한 것이지, 돈을 위해 한 것이 아니다. (out of the goodness of one's heart)

2 나는 그 일을 통해 번 돈을 매우 유용하게 사용했다. (make full use of)

3 나는 레슨이 끝나고 거의 곧바로 배운 것을 활용할 수 있었다. (put what one has learned to good use)

4 나는 먼저 커피를 좀 마시지 않으면 도저히 공부를 할 수가 없다. (hit the books)

ANSWERS
1. He did it **out of the goodness of his heart**, not for money.
2. I **made full use of** the money I earned from that job.
3. I was able to **put what I had learned to good use** almost directly after the lessons.
4. I can't **hit the books** without drinking some coffee first.

CHAPTER 2

VISION
verb
interchange
1 put each of two
place, 2 exchange
interchangeable
interchange noun
noun [from inter
from one place to

SELF-IMPROVEMENT

자기 계발

DAY 16
Self-Development and Personal Growth
자기 계발과 성장

DAY 17
Otium
심취형 취미 '오티움'

DAY 18
Work and Life Balance
워라밸

DAY 19
The "Miracle Morning"
미라클 모닝

DAY 20
Time Management
시간 관리

DAY 21
Me Time
혼자만의 시간

DAY 22
Entertainment
문화생활

DAY 23
Reading Habits
독서 습관

DAY 24
Book Clubs
독서 모임

DAY 25
Studying English
영어 공부

DAY 26
Recitation Challenge
낭독 챌린지

DAY 27
Study Groups
스터디 그룹

DAY 28
Keeping a Blog
블로그 운영

DAY 29
Life after Retirement
퇴직 후 인생

DAY 30
DIY Hobbies
DIY 취미

RELATED QUESTIONS

주제별 스피치 향상을 위한 질문 모음

Try to answer the questions based on each topic.

DAY 16 TOPIC 자기 계발과 성장

1 What are some things you personally do for self-improvement?
2 Describe something you did in the past year that you are proud of.
3 How do you overcome your fear of trying or learning new things?

DAY 17 TOPIC 심취형 취미 '오티움'

1 What are some activities that you find rewarding? Why do you enjoy them?
2 Which is more important: your work or your personal life? Explain your answer.
3 Why are meaningful hobbies becoming even more important these days?

DAY 18 TOPIC 워라밸

1 Between work and personal life, which is more important to you? Explain.
2 Are your co-workers your friends? Why or why not?
3 How do you feel about receiving work e-mails on weekends?

DAY 19 TOPIC 미라클 모닝

1 Do you prefer to work early in the morning, or late at night? Explain your preference.
2 What are some things you do to spend your mornings productively?
3 Describe how working from home changed your routine when the COVID-19 outbreak was in full swing.

DAY 20 TOPIC 시간 관리

1 Share some tips for managing time effectively.
2 How do students and office workers manage time differently?
3 Describe a time when you had a problem because of poor time management.

DAY 21 TOPIC 혼자만의 시간

1 Describe in detail what you usually do when you are alone.
2 When do you get lonely? How do you deal with feelings of loneliness?
3 How do you politely inform people that you would prefer to be alone for a while?

DAY 22 TOPIC 문화생활

1 Discuss how forms of entertainment have become more diverse.
2 What is your favorite form of entertainment? Why do you prefer it?
3 Describe the most entertaining book or movie you have seen recently.

DAY 23 TOPIC 독서 습관

1 How do you select which books to read?
2 Do you prefer to read books at home, at a library or at a café? Explain your preference.
3 Talk about a book you read recently. What was it about?

RELATED QUESTIONS

주제별 스피치 향상을 위한 질문 모음

Try to answer the questions based on each topic.

DAY 24 TOPIC 독서 모임

1 Describe how joining a book club can be an educational experience.
2 Share some tips for getting the most out of a book.
3 How do you choose which books to read? Do you ever stop reading mid-way through?

DAY 25 TOPIC 영어 공부

1 What are some common reasons people study English? What is your reason?
2 Do you enjoy learning new things? Why or why not? Which topics interest you the most?
3 When do you feel discouraged while studying English? How do you motivate yourself?

DAY 26 TOPIC 낭독 챌린지

1 What are some unusual ways people can practice speaking English?
2 Why do you think social media challenges are so popular these days?
3 Can you imitate any celebrities? What is unique about the way they talk?

DAY 27 TOPIC 스터디 그룹

1 What is the best way to study a foreign language?
2 How is studying for a test different from learning how to speak well?
3 Describe some of the pros and cons of studying alone vs. studying in a group.

DAY 28 TOPIC 블로그 운영

1 What types of information do you get from blogs?
2 How are blogs different from other types of websites?
3 Discuss the similarities and differences between blogs and social media platforms.

DAY 29 TOPIC 퇴직 후 인생

1 Are you planning for your retirement? If so, how?
2 What do you think is an appropriate age for retirement these days?
3 What are some things you would like to do after you retire?

DAY 30 TOPIC DIY 취미

1 Talk about a DIY hobby you enjoy. Why does it appeal to you?
2 Discuss good ways to find information about DIY hobbies.
3 What is something that you would like to try making by yourself?

DAY
16

Self-Development and Personal Growth 자기 계발과 성장

음원 16

Today's TOPIC

16th

많은 사람이 안전지대에 머물러 있고 싶어 한다. 안전지대란 두려움이나 불확실성 같은 요소가 없는 우리에게 아주 편안하고 익숙한 공간이다. 우리는 때로 이러한 안락함에 길든 나머지, 하고 싶은 일이 있어도 포기한다. 실패가 두려워, 자신의 한계에 도전하지 못하고 제자리를 맴돌기만 한다.

하지만 우리가 성장하기 위해서는 위험과 불편을 감수하고 안전지대를 벗어나도록 노력해야 한다. 변화를 갈망하고, 스스로를 밀어붙여서 계획한 일들을 실행에 옮겨야 한다.

우리가 사는 세상은 멋지고 놀라운 일들로 가득하다. 우리 앞에 놓인 도전들에 두려움 없이 맞설 때, 삶이 우리에게 주는 수많은 기회를 맞이할 수 있다. 그때서야 비로소 진정한 행복을 누릴 수 있다고 믿는다.

SPEECH PRACTICE

Many people want to stay in their comfort zones. A comfort zone is a comfortable and familiar space, free from factors like fear or uncertainty. Sometimes we are so used to this comfort that we 046 get cold feet even when there's something we want to try. Because of this fear of failure, we can't test our limits and end up going in circles.

But to grow, we must take danger and discomfort in stride, and try to 047 break out of our comfort zones. We have to long for change, and push ourselves to 048 put our plans into action.

Our world is filled with great and amazing things. When we stand up to the challenges we face without fear, life presents us with opportunities. I believe that is when we can enjoy true happiness.

KEY EXPRESSIONS

stay in one's comfort zone
안전지대에 머무르다
familiar 친숙한
free from ~으로부터 자유로운, ~이 없는
uncertainty 불확실성
get cold feet 용기를 잃다, 망설이다, 포기하다
fear of failure 실패에 대한 두려움
test one's limits 한계에 도전하다, 시험하다
go in circles 맴돌다
take something in stride
감수하다, 받아들이다

break out of one's comfort zone
안전지대를 벗어나다, 도전하다
long for change 변화를 갈망하다
put one's plans into action
계획을 실행으로 옮기다
stand up to ~에 맞서다
present someone with an opportunity
기회를 제공하다

PATTERN
PRACTICE

046 get cold feet 용기를 잃다, 망설이다, 포기하다

Sometimes we get cold feet even when there's something we want to try.
우리는 때로 하고 싶은 일이 있어도 포기한다.

She got cold feet a month before her wedding.
그녀는 결혼식을 한 달 앞두고 마음이 바뀌었다.

People usually get cold feet before making a big decision.
사람들은 보통 중요한 결정을 하기 전에 망설인다.

047 break out of one's comfort zone
안전지대를 벗어나다, 도전하다

In order to grow, we must try to break out of our comfort zones.
우리가 성장하기 위해서는 안전지대를 벗어나도록 노력해야 한다.

Failing the test made me break out of my comfort zone.
시험에 떨어지고 나서 오히려 안전지대를 벗어나 도전을 해 보게 되었다.

You can't really succeed without breaking out of your comfort zone.
안전지대를 벗어나지 않고는 진정으로 성공할 수가 없다.

048 put one's plans into action 계획을 실행으로 옮기다

We have to push ourselves to put our plans into action.
우리는 스스로를 밀어붙여서 계획한 일들을 실행에 옮겨야 한다.

If you don't put your plans into action, they will be useless.
계획을 실행으로 옮기지 않는다면 아무런 소용이 없을 것이다.

I was too lazy to put my plans into action.
나는 너무 게을러서 계획을 실행으로 옮기지 못했다.

DIALOGUE PRACTICE

A I think **facing new challenges** can be really cool.

B That's right.

A But sometimes, new challenges can **seem daunting**.

B Sure. The uncertainty can create **a sense of anxiety**.

A But you have to **take them on** to **overcome your limits**.

A 인생의 새로운 도전을 해 보는 것은 멋진 일이야.
B 맞아.
A 때로는 도전이 엄두가 안 날 수도 있어.
B 그럼. 불확실성이 불안감을 줄 수도 있으니까.
A 그렇지만 그러한 도전을 해야 본인의 한계를 넘어서는 것 같아.

COMPOSITION PRACTICE

1 타투를 하려고 했는데, 막판에 망설이게 되었다. (get cold feet)

2 사람들은 안전지대를 벗어날 수 있게 해 주는 친구들이 필요하다.
(break out of one's comfort zone)

3 그는 너무 게을러서 계획을 실행으로 옮기지 못할 때가 많다. (put one's plans into action)

4 그는 새로운 도전에 직면하는 것을 절대로 두려워하지 않는다. (face a new challenge)

ANSWERS
1. I was going to get a tattoo, but I **got cold feet** at the last minute.
2. People need friends who help them **break out of their comfort zones**.
3. He is often too lazy to **put his plans into action**.
4. He is never afraid to **face a new challenge**.

DAY
17

Otium

심취형 취미 '오티움'

음원 17

Today's TOPIC

17th

라틴어인 오티움(ōtĭum)은 글쓰기, 그림 그리기, 악기 연주, 예술 감상 등의 여가 활동을 가리키는 말이다. 그러나 그 깊이는 단순한 취미 이상이다. 가장 나다운 모습으로 살아 있는 시간이자 스스로를 충만하게 하는 활동이다.

오티움에 빠진 사람들은 경제적 대가나 타인의 요구와 같은 외적 동기에 의해 움직이지 않는다. 순수하게 자신으로부터 기인한 동기에 의해 움직인다. 그들은 언제 어디서나 배움을 갈망한다.

그리고 나를 즐겁게 하고, 내가 잘할 수 있는 일이 무엇인지 깨닫는 것에 희열을 느낀다. 오티움에 꾸준히 몰두하다 보면 즐거움을 넘어 숙련의 수준에 이를 수도 있다. 어쩌면 삶의 새로운 기회를 열어 주는 방법이 될지도 모른다.

SPEECH PRACTICE

Otium is a Latin word that refers to leisure activities such as writing, painting, playing instruments, or taking in fine art. But its meaning goes beyond simple hobbies. It refers to times when you can truly be yourself, and activities that make you feel fulfilled.

People who 049 immerse themselves in otium aren't 050 motivated by financial profit or external factors like the demands of others. They act purely of their own accord. They crave knowledge no matter the time or place.

They find joy in learning what makes them happy, and what they are good at. Consistently immersing oneself in otium can go beyond enjoyment and build proficiency. It can even be a way to 051 present new opportunities in life.

KEY EXPRESSIONS

refer to ~을 지칭하다
leisure activities 여가 활동
take in fine art 예술을 감상하다
meaning goes beyond ~이상의 의미가 있다
be oneself 자기 모습 그대로 있다
feel fulfilled 충만함, 만족감을 느끼다
immerse oneself in ~에 몰입하다
motivated by financial profit 경제적 대가로 동기 부여를 받는
of one's own accord 자의에 의해
crave knowledge 배움을 갈망하다
find joy in 희열을 느끼다, 즐거움을 찾다
go beyond enjoyment 즐거움의 단계를 넘어서다
build proficiency 숙련되다
present new opportunities 새로운 기회를 제공하다

PATTERN
PRACTICE

049 immerse oneself in ~에 몰입하다

People who immerse themselves in otium aren't interested in external factors.
오티움에 빠진 사람들은 외적 동기에는 관심이 없다.

I used to immerse myself in fantasy novels.
나는 예전에 판타지 소설에 한창 심취했었다.

It's a good environment to immerse myself in work.
일에 몰입하기에 좋은 환경이다.

050 motivated by financial profit
경제적 대가로 동기 부여를 받는

People who immerse themselves in otium aren't motivated by financial profit.
오티움에 빠진 사람들은 경제적 대가에 의해 움직이지 않는다.

Most companies are motivated by financial profit.
대부분의 기업은 경제적 대가를 추구하고 있다.

It's not a good job for people motivated by financial profit.
경제적 대가를 위해 행동하는 사람들에게는 적합하지 않은 일이다.

051 present new opportunities 새로운 기회를 제공하다

It can even be a way to present new opportunities in life.
어쩌면 삶의 새로운 기회를 열어주는 방법이 될지도 모른다.

Improving your health can present new opportunities in life.
건강을 개선하면 인생의 새로운 기회가 생기기도 한다.

We hoped that moving would present new opportunities for our family.
우리는 이사하면 우리 가족에게 새로운 기회가 생길 거라고 기대했다.

DIALOGUE PRACTICE

A I **am really into** studying English these days.

B Really? It seems like you **are hard at work** on your **social media account**.

A I'm posting what I studied each day on my Insta.

B Yes, I saw that.

A I **had no idea** that studying English is so fun.

A 나 요즘 영어 공부가 너무 좋아.
B 그래? SNS 보니까 너 열심히 하는 것 같더라.
A 매일 내가 공부한 것을 인스타에 인증하고 있어.
B 응, 봤어.
A 영어 공부가 이렇게 재미있는지 몰랐어.

COMPOSITION PRACTICE

1 나는 학업에 몰두하고 싶었지만, 돈을 벌어야 했다. (immerse oneself in)

2 경제적 대가를 위해 행동하는 사람들은 이내 관심을 잃게 된다. (motivated by financial profit)

3 새로운 학교로 전학을 가자 내게 새로운 기회들이 열렸다. (present new opportunities)

4 점심시간에도 모두가 일에 열중하고 있었다. (be hard at work)

ANSWERS
1. I wanted to **immerse myself in** my studies, but I had to make money.
2. People who are **motivated by financial profit** soon lose interest.
3. Transferring to a new school **presented new opportunities** for me.
4. Everyone **was hard at work**, even at lunchtime.

DAY 18

Work and Life Balance

워라밸

음원 18

Today's TOPIC

18th

우리나라 근로자들의 평균 근로 시간은 OECD 국가 중에서도 가장 긴 편이다. 기업에 근무하는 근로자들의 경우, 야근이 매우 잦은 것도 사실이다. 스타트업이나 자기 사업을 하는 사람들의 경우, 아예 근무 시간에 대한 개념이 없이 계속 일만 하는 경우도 많다. 그러나 나는 일과 개인 삶의 균형이 매우 중요하다고 생각한다. 너무 일에만 집중하는 것은 바람직하지 않다고 생각한다.

일터에서 일을 열심히 하는 것도 사실 따지고 보면, 조금 더 행복하고 여유 있는 삶을 살기 위한 것이다. 퇴근하고 나서는 친구들과 가족과 함께 할 수 있는 시간이 필요하다. 특히 아이들이 있는 부모들의 경우, 더더욱 자녀들과 보낼 수 있는 시간이 필요하다. 더불어, 일과는 관련 없는 건전한 취미 생활이 기분 전환에도 도움이 된다고 생각한다. 충분한 휴식은 조금 더 생산적으로 일을 하게 해 주기 때문이다.

SPEECH PRACTICE

The 052 **average work hours** for Korean workers are among the longest of OECD nations. Workers who are employed by corporations very often work late. People at start-ups or who run their own business work for so long that they have no concept of work hours. However, I think a 053 **balance between work and personal life** is very important. I don't think focusing too much on work is advisable.

After all, the purpose of doing one's best at a job is to have a happier, more leisurely life. People need time to be with friends and family after hours. In particular, parents must have time to spend with their kids. I also think having a healthy hobby that is unrelated to work is good for a change of pace. Adequate rest helps people to 054 **be more productive**.

KEY EXPRESSIONS

average work hours 평균 근로 시간
employed by ~에 고용된
work late 야근하다
start-up 스타트업, 신생 기업
run one's own business 자기 사업을 하다
have no concept of ~에 대한 개념이 없다
balance between work and personal life 일과 사생활의 균형
focus too much on ~에 지나치게 집중하다
be advisable 바람직하다
do one's best 최선을 다하다
after hours 업무 시간 이후에
healthy hobby 건전한 취미
unrelated to work 일과 무관한
a change of pace 기분 전환
be more productive 더 생산적으로 일하다

052 average work hours 평균 근로 시간

The average work hours for Korean workers are very long.
우리나라 근로자들의 평균 근로 시간은 매우 길다.

What are the average work hours at your company?
너희 회사는 평균 근로 시간이 어떻게 되니?

The average work hours are short in this company.
이 회사는 평균 근로 시간이 짧다.

053 balance between work and personal life 일과 사생활의 균형

I think a balance between work and personal life is very important.
나는 일과 개인 삶의 균형이 매우 중요하다고 생각한다.

A balance between work and personal life is also important for your health.
일과 사생활의 균형은 건강에도 중요하다.

He emphasized the importance of a balance between work and personal life.
그는 일과 사생활의 균형이 중요하다고 강조했다.

054 be more productive 더 생산적으로 일하다

Adequate rest helps people to be more productive.
충분한 휴식은 조금 더 생산적으로 일을 하게 해 준다.

Writing down your schedule can help you be more productive.
일정을 적어 놓으면 더 생산적으로 일하는 데 도움이 될 수 있어.

To be more productive, you should get plenty of sleep.
더 생산적으로 일하기 위해서는 충분히 자야 한다.

DIALOGUE PRACTICE

A Where's Jake? Isn't he coming today?

B I think **he has to work late tonight**.

A That's too bad. He works late too often.

B I know. He never has time to meet us.

A He said he can **take a vacation** at the end of this month though.

A 제이크는 어디 있어? 오늘 안 온대?
B 오늘 야근해야 하는 것 같아.
A 안됐다. 걔는 야근을 너무 자주 해.
B 그러게. 우리랑 만날 시간은 도통 없더라고.
A 그래도 이번 달 말에 휴가 낼 수 있다고 하더라.

COMPOSITION PRACTICE

1 나의 평균 근로 시간은 매년 증가했다. (average work hours)

2 자기 사업을 운영하는 것은 매우 힘들다. (run one's own business)

3 업무 시간 이후에는 누구에게도 전화하지 않으려고 한다. (after hours)

4 주말에 푹 쉬면 더 생산적으로 일하는 데 도움이 된다. (be more productive)

ANSWERS
1. My **average work hours** increased every year.
2. **Running one's own business** is very difficult.
3. I try not to call anyone **after hours**.
4. Resting during the weekend helps me to **be more productive**.

DAY
19

The "Miracle Morning"

미라클 모닝

음원 19

Today's TOPIC

19th

최근 유튜브를 통해 '미라클 모닝'이라는 단어를 접하게 되었다. 미라클 모닝이란 아침 일찍 일어나 하루를 시작하는 것을 뜻한다. 많은 사람이 자기 계발하기를 원한다. 그러나 하루 일과 후에 지친 상태로 뭔가를 시도하기는 매우 힘들다. 그래서 미라클 모닝이 최근 유행하게 된 것이라 생각한다. 아침 시간을 현명하게 활용하게 해 주기 때문이다.

나는 몇 개월 전부터 미라클 모닝에 도전하기 시작했다. 새벽에 일어나서 하루 계획을 세우고, EBS 라디오로 영어 공부를 한다. 지금까지는 그럭저럭 잘 해오고 있지만, 때론 당연히 체력적으로 힘든 날도 있다. 하지만 내가 좋아하는 일로 하루를 맞이하는 것과 오늘도 해냈다는 작은 성취감은 하루하루를 즐거움으로 가득 차게 한다.

SPEECH PRACTICE

I recently stumbled upon the concept of the 'Miracle Morning' on YouTube. The Miracle Morning refers to waking up 055 **at the crack of dawn** to start your day. Self-improvement is a common goal for many people. But it's hard to do anything when you're dog-tired after 056 **a long day at work**. I think that's why the Miracle Morning has grown so popular. It helps you spend time wisely in the morning.

I myself started attempting Miracle Mornings a few months ago. I get up early, plan out my day, and study English with EBS Radio. I have kept at it pretty well until now, but it goes without saying that it's 057 **physically demanding** sometimes. Still, starting the day with something I enjoy and feeling a sense of accomplishment fills each day with joy.

KEY EXPRESSIONS

stumble upon 우연히 접하게 되다
at the crack of dawn 새벽 이른 시간에
self-improvement 자기 계발
a common goal 공통의 목표
dog-tired 매우 피곤한
a long day at work 긴(힘든) 하루 일과
spend time wisely 시간을 현명하게 보내다
plan out one's day 하루 계획을 세우다
keep at it 꾸준히 하다
it goes without saying 당연하다, 말할 것도 없다
physically demanding 체력적으로 힘든
a sense of accomplishment 성취감

PATTERN
PRACTICE

055 at the crack of dawn 새벽 이른 시간에

The Miracle Morning refers to waking up at the crack of dawn to start your day.

미라클 모닝이란 아침 일찍 일어나 하루를 시작하는 것을 뜻한다.

My son always wakes up at the crack of dawn on weekends.

우리 아들은 주말마다 새벽 이른 시간에 잠에서 깬다.

We started our hike at the crack of dawn.

우리는 새벽 이른 시간에 등산을 시작했다.

056 a long day at work 긴(힘든) 하루 일과

It's hard to do anything when you're tired after a long day at work.

하루 일과 후에 지친 상태로 뭔가를 시도하기는 매우 힘들다.

I like to drink a beer after a long day at work.

나는 힘든 하루 일과를 마무리하고 맥주를 한잔 마시는 것을 즐긴다.

After a long day at work, I don't want to talk to anyone.

긴 하루 일과가 끝나면, 나는 누구와도 대화하고 싶지 않다.

057 physically demanding 체력적으로 힘든

Getting up early every morning is physically demanding sometimes.

매일 아침 일찍 일어나는 것이 체력적으로 힘든 경우도 있다.

Many people don't realize that ping-pong is a physically demanding sport.

탁구가 체력적으로 힘든 종목이라는 사실을 모르는 사람도 많다.

It's not a physically demanding job, but it's really boring.

체력적으로 힘든 일은 아니지만, 정말 지루하다.

DIALOGUE PRACTICE

A What time do you usually **get out of bed** in the morning?

B I usually get up at 5 a.m.

A That's really early.

B I'm **practicing** the Miracle Morning these days.

A I see you've become a **morning person**.

A 아침에 주로 몇 시에 일어나세요?
B 저는 새벽 5시에 일어나요.
A 정말 일찍 일어나시네요.
B 미라클 모닝 실천 중이에요.
A 아침형 인간이 되셨군요.

COMPOSITION PRACTICE

1 그는 주말에도 항상 꼭두새벽에 일어난다. (at the crack of dawn)

2 나는 힘든 하루 일과를 보내고 난 후 친구들을 만나는 것이 좋다. (a long day at work)

3 나는 체력적으로 힘든 취미는 좋아하지 않는다. (physically demanding)

4 반드시 아침형 인간이어야만 성공할 수 있는 것은 아니다. (morning person)

ANSWERS
1. He always wakes up **at the crack of dawn**, even on weekends.
2. I like to meet my friends after **a long day at work**.
3. I don't enjoy hobbies that are **physically demanding**.
4. You don't have to be a **morning person** to be successful.

DAY 20

Time Management

시간 관리

음원 20

Today's TOPIC

20th

시간 관리는 정말 중요하다고 생각한다. 성공한 사람일수록 시간을 효율적으로 잘 쓰는 경우가 많다. 하루 24시간을 계획성 있게 보내는 것이 좋다. 하루에 취침 시간과 기상 시간을 정해 수면 시간을 일정하게 유지해야 한다. 그리고 일과 중에 해야 할 일들을 정해서 진행하는 것도 좋다.

나는 계획을 세워서 일하는 것을 좋아한다. 항상 스케줄러에 해야 하는 일들을 자세히 적어 놓는다. 해야 하는 일을 뒤로 미루는 것을 싫어하는 성격이다. 그래서 한 달 단위로 무엇을 해야 하는지 잘 적어 놓는다. 가장 먼저 업무와 관련된 일정을 적어 놓는다. 마감일과 회의 일정들도 자세히 적어 놓는다. 그다음은 모임 관련 일정, 가족들의 생일, 기념일 등을 적어 놓는다. 그 밖에 취미 생활과 운동 계획 등도 자세히 적어 놓는다. 이렇게 매달 계획을 세워서 보내면, 여러 가지 장점이 많다. 시간을 효율적이고 생산적으로 보냈다는 생각이 든다.

SPEECH PRACTICE

I think time management is very important. Most successful people 058 make the most of their time. It's good to 059 stick to a plan during the 24 hours in a day. You should sleep for a fixed amount of time, going to bed and waking up at the same time each day. It's also good to make a list of the things you need to do.

I like to do everything according to a plan. In my daily planner, I write down the things I need to do in great detail. I dislike 060 putting off things I need to do. That's why I make monthly to-do lists. First, I write down my work-related itinerary. I include all my deadlines and meetings. Then, I add appointments for private gatherings, family birthdays, and anniversaries. I also make specific plans for pursuing my hobbies and getting some exercise. If I follow the plan each month, I get a lot out of it. It makes me feel like I have spent my time efficiently and productively.

KEY EXPRESSIONS

make the most of 최대한 활용하다
stick to a plan 계획을 따르다, 계획대로 하다
for a fixed amount of time 일정 시간 동안
go to bed 잠자리에 들다
make a list 목록을 작성하다
according to a plan 계획대로
daily planner 일정 스케줄러, 다이어리
in great detail 상세하게
put off something 미루다
to-do list 해야 할 일
work-related itinerary 업무 일정
private gathering 사적인 모임
pursue a hobby 취미 생활을 하다
get some exercise 운동하다
get a lot out of something 많은 것을 얻다

PATTERN
PRACTICE

058 make the most of 최대한 활용하다

Most successful people make the most of their time.
성공한 사람일수록 시간을 효율적으로 잘 쓰는 경우가 많다.

Try to make the most of what you already have.
이미 가지고 있는 것을 최대한 활용해 봐.

I want to make the most of my trip there.
여행을 최대한 즐기고 싶어.

059 stick to a plan 계획을 따르다, 계획대로 하다

It's good to stick to a plan during the 24 hours in a day.
하루 24시간을 계획성 있게 보내는 것이 좋다.

We need to stick to the plan to finish on time.
제시간에 끝마치려면 계획대로 해야 해.

I don't always stick to a plan when I travel.
여행을 할 때 항상 계획을 짜서 그대로 하는 편은 아니다.

060 put off something 미루다

I dislike putting off things I need to do.
해야 하는 일을 뒤로 미루는 것을 싫어하는 성격이다.

I was so tired that I put off washing the dishes.
너무 피곤해서 설거지를 미루고 안 했어.

If you put off doing your homework, you won't have time later.
숙제를 미루고 안 하면 나중에 시간이 부족할 거야.

DIALOGUE PRACTICE

A Are you done with that report? It's almost 5 o'clock.

B Not yet. I had to attend meetings all day today.

A You need to **manage your time** better. **Chop chop**.

B Just give me 30 minutes.

A Okay. But next time, be sure to **get things done on time**.

A 그 보고서 다 완성했어? 5시가 다 돼 가.
B 아직이네요. 오늘은 하루 종일 회의에 들어가느라 바빴어요.
A 시간 관리를 더 잘해야지. 어서 서둘러.
B 딱 30분만 더 기다려주세요.
A 알겠어. 다음번엔 꼭 제시간에 끝낼 수 있도록 해.

COMPOSITION PRACTICE

1 계획대로 하려고 했는데, 자꾸 지연됐다. (stick to a plan)

2 여행에 챙겨가야 하는 물건들의 목록을 만들었다. (make a list)

3 치과에 가는 것을 너무 오래 미뤘어. (put off something)

4 인턴을 하면서 많은 것을 배웠다. (get a lot out of something)

ANSWERS 1. I tried to **stick to the plan**, but I kept getting delayed.
2. I **made a list** of things that I need to take for a trip.
3. I **put off going** to the dentist's for too long.
4. I **got a lot out of my internship**.

DAY 21

Me Time

혼자만의 시간

음원 21

Today's TOPIC

21th

최근에 온라인 수업으로 아이가 집에 있는 시간이 많아지고, 남편은 자주 재택근무를 합니다. 그래서 저 혼자만의 시간이 많이 줄어들었습니다. 그래서 작은 방을 저만의 공간으로 꾸며 보았습니다. 큰 탁자, 책장, 요가 매트 등을 가져다 놓았습니다.

그리고 저녁 8시가 되면, 가족들에게 퇴근한다고 말합니다. 그러고는 그 방에 들어가 저만의 시간을 보냅니다. 기분에 따라 음악을 듣기도 하고, 글을 쓰거나, 책을 읽거나, 영어를 공부하기도 합니다. 가끔은 재미있는 영상을 보거나, 요가를 하기도 합니다.

이렇게 나만의 시간을 가지면 스트레스가 풀립니다. 그러면 다음 날 즐거운 마음으로 하루를 시작할 수 있습니다.

SPEECH PRACTICE

Recently, our son has been spending a lot of time at home because of online classes, and my husband has been working from home a lot. As a result, I haven't had much alone time. So, I turned our small bedroom into a space just for me. I brought in a large desk, a bookcase, and a yoga mat.

At around 8 o'clock, I let my family know that I'm clocking out. Then, I go to my room and spend some alone time there. **061** Depending on my mood, I listen to music, write, read, or study English. Sometimes I watch entertaining videos or practice yoga.

062 Having time to myself like this helps me blow off steam. That way, I can **063** get the day started the next morning with a light heart.

KEY EXPRESSIONS

spend a lot of time at home 집에서 많은 시간을 보내다
work from home 재택근무를 하다
just for someone ~만을 위한
let someone know 알려 주다, 통보하다
clock out 퇴근하다
depending on one's mood 기분에 따라
practice yoga 요가를 하다
have time to oneself 혼자만의 시간을 보내다
blow off steam 스트레스를 풀다
get the day started 하루 일과를 시작하다
with a light heart 가벼운 마음으로

PATTERN
PRACTICE

061 depending on one's mood 기분에 따라

Depending on my mood, I listen to music, write, read, or study English.
기분에 따라 음악을 듣기도 하고, 글을 쓰거나, 책을 읽거나, 영어를 공부하기도 합니다.

I listen to different types of music depending on my mood.
나는 기분에 따라 다양한 종류의 음악을 듣는다.

My personality changes a lot, depending on my mood.
나는 기분에 따라 성격이 많이 달라지는 편이다.

062 have time to oneself 혼자만의 시간을 보내다

Having time to myself helps me ease stress.
나만의 시간을 가지면 스트레스가 풀립니다.

Now that I'm a dad, I rarely have time to myself.
나도 이제는 아빠라 혼자만의 시간이 거의 없다.

Even if you are dating someone, you need to have time to yourself.
누군가와 사귀고 있더라도 혼자만의 시간을 보낼 수 있어야 한다.

063 get the day started 하루 일과를 시작하다

I can get the day started the next morning with a light heart.
다음 날 즐거운 마음으로 하루를 시작할 수 있습니다.

I usually get the day started by meditating for a few minutes.
나는 평소에 몇 분간 명상하며 하루 일과를 시작한다.

I need some coffee before I get the day started.
나는 본격적으로 하루 일과를 시작하기 전에 커피부터 마셔야 한다.

DIALOGUE PRACTICE

A Have you heard of the English expression, 'me time'?

B It doesn't **ring a bell**.

A It means time that someone spends **all on their own**.

B Oh, really?

A Yes. It's **a chance to unwind** alone while doing whatever you **are in the mood for**.

A Me time이라는 영어 표현 들어 보셨어요?
B 처음 들어봐요.
A 혼자만의 시간이라는 뜻이에요.
B 아, 그래요?
A 네. 혼자서 하고 싶은 일을 하며 힐링하는 시간이에요.

COMPOSITION PRACTICE

1 나는 아침에 기분에 따라 무엇을 입을지 고른다. (depending on one's mood)

2 나는 혼자만의 시간이 주어지면 보통 집에서 그냥 쉰다. (have time to oneself)

3 나는 너무 피곤해서 하루 일과를 시작하고 싶지 않았다. (get the day started)

4 힐링을 할 기회가 필요해 캠핑을 다니는 사람이 많다. (a chance to unwind)

ANSWERS
1. I choose what to wear **depending on my mood** in the morning.
2. When I **have time to myself**, I usually just rest at home.
3. I was so tired that I didn't want to **get the day started**.
4. Many people go camping because they need **a chance to unwind**.

DAY 22

Entertainment

문화생활

음원 22

Today's TOPIC

22th

나는 아무리 바쁘게 살아도 가끔 문화생활을 하려고 노력한다. 문화생활을 통해서, 감성도 풍부해지고 스트레스도 풀리기 때문이다. 같이 간 사람들과 즐거운 추억을 만들 수 있다는 것도 또 다른 장점이다.

가장 흔하게 하는 문화생활은 영화관람이다. 우리나라 영화이든 외국 영화이든 가리지 않는다. 재미있는 작품은 거의 다 보는 편이다. 최소 두 달에 한 번씩은 영화관에 가는 것 같다. 할리우드 작품들의 엄청난 스케일과 화려한 장면들에 감탄할 때도 있다. 우리나라 영화들은 잔잔한 감동을 주어서 좋다.

그 밖에 연극과 뮤지컬 공연도 보러 가는 편이다. 괜찮은 작품을 보고 나면, 한동안 여운이 남아서 좋다. 친구 중에 음악 연주회를 좋아하는 친구가 있어서, 함께 몇 번 갔었다. 연주되는 곡을 들으며 힐링이 되어서 정말 좋았다.

SPEECH PRACTICE

No matter how busy I get, I try to 064 make time for entertainment. Through culture and entertainment, I can enrich my emotions and 065 blow off steam. I can also create fond memories with the people who are with me.

Most commonly, I watch movies. I am not picky about whether it's a Korean or foreign movie. I watch anything that's fun. I go to the theater at least once every other month. I am impressed by the grand scale of Hollywood movies. Korean movies are quietly moving.

I also sometimes watch plays and musicals. After I see a good performance, it stays with me for a while. I have a friend who likes music performances, so I tagged along with her a few times. I liked how it 066 felt soothing to hear the music.

KEY EXPRESSIONS

make time for 시간을 내다
enrich emotions 감성을 풍부하게 하다
blow off steam 스트레스를 풀다
fond memory 좋은 추억
picky about 까다로운
every other 하나 걸러
grand scale 거대한 스케일
quietly moving 잔잔한 감동을 주는
stay with someone 여운이 남다
tag along with 따라가다
feel soothing 평온하게 해 주다

PATTERN
PRACTICE

064 make time for 시간을 내다

No matter how busy I get, I try to make time for entertainment.

나는 아무리 바쁘게 살아도 가끔 문화생활을 하려고 노력한다.

At least on the weekends, I try to make time for reading.

적어도 주말에는 시간을 내서라도 독서를 하려고 한다.

You should make time for exercise.

시간을 내서 운동을 좀 하는 것이 좋겠어.

065 blow off steam 스트레스를 풀다

Through culture and entertainment, I can blow off steam.

문화생활을 통해서 스트레스도 풀 수 있다.

I sometimes play video games to blow off steam.

스트레스를 해소하려고 게임을 할 때가 있다.

Jogging is a good way to blow off steam.

조깅을 하면 스트레스 해소에 아주 효과적이다.

066 feel soothing 평온하게 해 주다

I liked how it felt soothing to hear the music.

연주되는 곡을 들으며 힐링이 되어서 정말 좋았다.

It felt soothing to be in the forest.

숲속에 있으니 힐링이 되는 느낌이었어.

The warm soup felt soothing to my stomach.

따뜻한 국을 먹으니 속이 편안해졌다.

DIALOGUE PRACTICE

A Do you enjoy plays or musicals?

B I **can't get enough of** them! But I can't go often because the tickets are so **pricey**.

A Is that so? I got musical tickets from someone I know. Do you want to go?

B Really? Which musical is it? Do you have the tickets?

A I think it's pretty **well-known**. Here, **take a look**.

A 연극이나 뮤지컬 좋아하니?
B 그럼 엄청 좋아하지! 그런데 표가 비싸서 자주는 못 가.
A 그래? 내가 아는 분이 뮤지컬 표를 주셨는데. 갈래?
B 정말? 어떤 작품인데? 표 있어?
A 꽤 유명한 건가 봐. 여기, 한번 봐 봐.

COMPOSITION PRACTICE

1 가족들을 위한 시간은 일부러라도 내도록 해. (make time for)

2 음주는 스트레스 해소를 위한 좋은 방법이 아니야. (blow off steam)

3 마사지로 정말 힐링이 됐다. (feel soothing)

4 그 배우는 뛰어난 연기력으로 잘 알려져 있어. (well-known)

ANSWERS
1. You should **make time for** your family.
2. Drinking is not a good way to **blow off steam**.
3. The massage really **felt soothing**.
4. The actor is **well-known** for his great acting skills.

DAY
23

Reading Habits

독서 습관

음원 23

Today's TOPIC

23th

어렸을 때부터 책을 많이 읽는 것이 좋다는 말은 귀가 닳도록 들었다. 나도 책을 좋아하는 편이라, 비교적 독서를 많이 하는 편이다. 주로 자기 전에 침대에 편한 자세로 앉아서 책을 읽는 것을 좋아한다.

책을 고를 때는 직접 서점에 가서 둘러보며 고르는 경우가 많다. 그리고 독서 관련 유튜브 채널에서 추천하는 책을 골라서 사는 경우도 있다. 국내외 소설부터, 요즘 트렌드를 분석해 놓은 서적들까지 다양하게 읽고 있다.

책을 읽고 나서 나름대로의 생각을 글로 적어 보는 경우도 있다. 글로 적는 것은 책의 줄거리나 세부 사항을 오랫동안 기억하게 도와준다. 독서 모임에 종종 나가서 읽은 책에 대해서 이야기해 보는 경우도 있다.

SPEECH PRACTICE

I've heard time and time again since I was young that it's good to read a lot. I do like reading, so I do it quite often. I usually read after I 067 get comfy in my bed before going to sleep.

I often visit a bookstore in person to pick out a book. Sometimes, I buy books by getting recommendations from book-related YouTube channels. I read all manner of books, including both domestic and foreign novels, and nonfiction books that 068 break down current trends.

After I finish a book, sometimes I write down 069 my thoughts on it. It helps me remember the storyline or certain details of the book for a long time. Occasionally, I also go to a book club and talk about what I've read.

KEY EXPRESSIONS

time and time again 빈번히
get comfy 편한 자세를 취하다
go to sleep 잠들다
pick out 고르다
get a recommendation 추천을 받다
book-related YouTube channel 책과 연관된 유튜브 채널
all manner of 매우 다양한
break down 분석하다
current trends 최신 트렌드
one's thoughts on ~에 대한 본인의 생각
storyline 줄거리
book club 독서 모임

PATTERN
PRACTICE

067 get a recommendation 추천을 받다

I buy books by getting recommendations from YouTube channels.

유튜브 채널에서 추천하는 책을 골라서 산다.

I got a recommendation for a restaurant from a friend.

친구한테서 음식점을 추천받았다.

I got lots of recommendations, but I chose this one.

여러 가지를 추천받았지만, 난 이걸로 골랐어.

068 break down 분석하다

I read books that break down current trends.

나는 요즘 트렌드를 분석해 놓은 서적들을 읽는다.

We should break down the causes for the failure.

우리는 실패의 원인을 분석해 봐야 해.

It's easy to understand when she breaks it down.

그녀가 하나씩 분석해서 설명해 주면 이해하기가 쉽다.

069 one's thoughts on ~에 대한 본인의 생각

After I finish a book, sometimes I write down my thoughts on it.

책을 읽고 나서 나름대로의 생각을 글로 적어 보는 경우도 있다.

I care a lot about your thoughts on this issue.

이 이슈에 대한 너의 생각을 나는 중요하게 생각해.

We listened to everyone's thoughts on the presentation.

우리는 발표에 대한 모두의 의견을 서로 들어봤다.

DIALOGUE PRACTICE

A I like to read alone at a café that **has a nice ambience**.

B Wow, that sounds great!

A Yeah. After I read for a few hours, it really **lifts my mood**.

B There's so much to learn from books, isn't there?

A Of course. I learn **all sorts of** things, about **all aspects of life**.

A 나는 분위기 좋은 카페에 가서 혼자 책 읽는 걸 좋아해.
B 와, 그거 너무 좋다!
A 응. 그렇게 몇 시간 책을 읽고 나면, 기분까지 좋아져.
B 책에서 배우는 게 참 많지?
A 그럼. 인생 전반에 대해 다양한 것을 배우게 돼.

COMPOSITION PRACTICE

1 친구한테 뭘 읽으면 좋을지 추천을 받았다. (get a recommendation)

2 강의를 듣고 난 후에는 책을 분석하기가 더 쉬워졌다. (break down)

3 이 프로젝트에 대한 네 생각을 들어 보고 싶어. (one's thoughts on)

4 작은 선물이었지만, 덕분에 나는 기분이 좋아졌어. (lift one's mood)

ANSWERS 1. I **got a recommendation** from my friend on what to read.
2. After the lecture, it was easier to **break down** the book.
3. I'd like to hear **your thoughts on** this project.
4. It was a small gift, but it **lifted my mood**.

DAY
24

Book Clubs

독서 모임

음원 24

Today's TOPIC

24th

나는 올해로 4년째 독서 모임을 하고 있다. 우리는 처음에 동네에서 아이 친구 엄마들로 만난 사이였다. 그러던 중 모두가 책을 좋아하는 것을 알게 되었다. 그리고 추진력 있는 리더에 의해서 모임이 결성되었다.

우리는 매월 2권의 책을 투표로 선정한다. 그리고 책을 읽고 2주에 한 번 온라인 메신저로 토론한다. 소설, 에세이, 인문학, 역사, 시 등 분야를 가리지 않고 책을 읽는다. 올해는 20권짜리 대하소설 '토지'를 함께 읽고 있다. 혼자라면 중도에 포기했었을 것 같다. 하지만 그동안 서로 독려하고 소감을 나누면서 이제 마지막을 향해 가고 있다.

평소에 관심 없던 분야, 나와 다른 시각을 가진 사람들의 의견을 듣는 것도 함께 책 읽기의 장점 중 하나이다.

SPEECH PRACTICE

I have been part of a book club for 4 years now. We first met as the moms of our kids' neighborhood friends. But then we came to learn that we were all bookworms. Thanks to a 070 can-do leader, we formed our club.

We choose two books each month by a vote. We then read those books and have a discussion via online chat. We read all sorts of books, including novels, essays, the liberal arts, history, and poetry. This year, we are reading the epic novel *Toji*, which is 20 volumes long. I probably would have called it quits midway if I had tackled it alone. But we have been encouraging each other and 071 sharing our thoughts, and now we are almost finished.

Learning about subjects I had no interest in before, and hearing the opinions of people 072 with different perspectives are some of the advantages of reading together.

KEY EXPRESSIONS

be part of ~에 속해 있다
neighborhood friends 동네 친구
come to learn 알게 되다
bookworm 책벌레
can-do 추진력 있는, 의욕적인
by a vote 투표로
have a discussion 토론하다
all sorts of 아주 다양한
the liberal arts 인문학
epic novel 대하소설
call it quits 포기하다
tackle it (힘든 일에) 도전하다
share one's thoughts 소감을 나누다
have no interest in ~에 관심이 없다
with a different perspective 시각이 다른

070 can-do 추진력 있는, 의욕적인

Thanks to a can-do leader, we formed our club.
추진력 있는 리더에 의해서 모임이 결성되었다.

I admire her can-do attitude.
나는 그녀의 추진력 있는 태도를 존경한다.

We hired a can-do applicant.
우리는 의욕적인 지원자를 고용했다.

071 share one's thoughts 소감을 나누다

We have been encouraging each other and sharing our thoughts.
그동안 서로 독려하고 소감을 나누며 지내 왔다.

Would you care to share your thoughts?
어떤 생각인지 소감을 말해 주시겠습니까?

It's not easy to share one's thoughts in front of strangers.
모르는 사람들 앞에서 소감을 나누는 것은 쉬운 일이 아니다.

072 with a different perspective 시각이 다른

I enjoy hearing the opinions of people with different perspectives.
나와 다른 시각을 가진 사람들의 의견을 듣는 것이 즐겁다.

We need someone to analyze it with a different perspective.
다른 시각으로 그걸 분석해 볼 사람이 필요하다.

You can learn a lot from someone with a different perspective.
시각이 다른 사람으로부터 많은 것을 배울 수 있다.

DIALOGUE PRACTICE

A Did you say you're in a book club? Is that any fun?

B It sure is. It's amazing how everyone **has a different take** on a single book.

A That must be interesting.

B And it's great to **expand my thoughts** and my **world view**.

A I'd like to **participate in** something like that.

A 독서 모임 하신다고 했죠? 재미있으세요?
B 그럼요. 같은 책을 읽고도 각자 다른 것을 느껴서 흥미로워요.
A 아, 그렇겠네요.
B 나의 생각과 세계가 확장되는 경험도 참 좋고요.
A 저도 참여해 보고 싶어지네요.

COMPOSITION PRACTICE

1 필요한 것은 의욕적인 태도뿐이다. (can-do)

2 나는 너무 수줍어서 소감을 말하지 못했다. (share one's thoughts)

3 시각이 다른 사람과 친해지지 못할 이유는 없다. (with a different perspective)

4 대부분의 사람이 그녀에게 동의했지만, 내 생각은 달랐다. (have a different take)

ANSWERS
1. All you need is a **can-do** attitude.
2. I was too shy to **share my thoughts**.
3. There's no reason why you can't befriend someone **with a different perspective**.
4. Most people agreed with her, but I **had a different take**.

DAY
25

Studying English

영어 공부

음원 25

Today's TOPIC

25th

코로나바이러스로 인해 몇 년간 집에 있는 시간이 많았을 때, 시간을 헛되이 보내고 싶지 않았다. 뭔가 재미있는 일을 찾다가 번뜩 영어가 떠올랐다. 그 자리에서 바로 영어 공부를 시작하게 되었다.

영어를 하나도 모르던 나는 처음 영어 공부를 시작했을 때, 실력이 쭉쭉 느는 것이 느껴져 정말 너무나도 재미있었다. 하지만 갈수록 공부는 하는데, 실력이 정체된 느낌이 들어서 힘들었다. 그리고 영어를 잘하는 사람들을 보면서 부러운 마음이 들기도 했다.

하지만 영어 공부를 꾸준히 하면, 어느 순간 다시 실력이 쭉 올라간다는 말을 전해 들었다. 그래서 다시 마음을 다잡을 수 있었다. 지금은 무엇보다 내가 아직도 영어 공부를 한다는 자체를 즐기며 하고 있다.

SPEECH PRACTICE

Back when I had to spend a lot of time at home for a few years because of the coronavirus, I didn't want to spend that time in vain. When I was 073 looking for something to do, I suddenly thought of English. I started studying English right then and there.

I didn't know any English at all when I first started my studies, so I had a great time as I felt myself quickly improving. But the more I studied, I started to 074 get down on myself because it felt like my skill level was 075 going nowhere. I started feeling envious of people who spoke English fluently.

But I was told that if you keep at it with your English studies, your skill level will shoot up again. That helped me gather myself. Nowadays, I am simply enjoying the fact that I am still studying English.

KEY EXPRESSIONS

spend a lot of time at home 집에서 많은 시간을 보내다
spend time in vain 시간을 헛되이 보내다
look for something to do 할 거리를 찾다
right then and there 바로 그 자리에서
have a great time 매우 즐거워하다
get down on oneself 자책하다, 우울해하다
going nowhere 전혀 진전이 없는
feel envious of 부러워하다
speak English fluently 영어를 유창하게 구사하다
keep at it 꾸준히 하다
shoot up 급증하다
gather oneself 마음을 다스리다, 가다듬다

PATTERN
PRACTICE

073 look for something to do 할 거리를 찾다

When I was looking for something to do, I suddenly thought of English.

뭔가 재미있는 일을 찾다가 번뜩 영어가 떠올랐다.

I wanted to help, so I looked for something to do.

나도 거들고 싶어서 할 수 있는 일거리를 찾아봤다.

If you are looking for something to do, I have some chores for you.

할 일이 없어서 그러는 거라면, 내가 시킬 심부름이 있어.

074 get down on oneself 자책하다, 우울해하다

The more I studied, I started to get down on myself.

공부를 할수록 힘들어지기 시작했다.

You shouldn't get down on yourself because of a low score.

낮은 점수 때문에 너무 우울해해서는 안 된다.

I get down on myself whenever my kids get sick.

아이들이 아프면 나는 항상 자책하게 된다.

075 going nowhere 전혀 진전이 없는

It felt like my skill level was going nowhere.

실력이 정체된 느낌이 들었다.

The project was going nowhere until that meeting.

그 회의 전까지는 프로젝트가 제자리걸음만 반복하고 있었다.

If you feel like you are going nowhere, maybe it's time to rest.

전혀 진전이 없는 것처럼 느껴진다면, 휴식을 취할 때가 된 것일지도 모른다.

DIALOGUE PRACTICE

A What is your purpose for studying English?

B I want to **make friends** from overseas.

A I see. I study English because of all the information and **cultural content** it offers.

B You're right. That's **a big plus**.

A I think knowing English **enriches your life**.

A 영어 공부하는 목적이 뭐예요?
B 외국인 친구를 사귀고 싶어서요.
A 그렇군요. 저는 영어로 얻을 수 있는 정보와 문화 콘텐츠가 많아져서 영어를 공부해요.
B 맞아요. 그것도 큰 장점이죠.
A 영어를 하면 인생이 풍요로워지는 것 같아요.

COMPOSITION PRACTICE

1 할 거리가 없어서 찾고 있다면, 내가 책을 빌려줄 수 있어. (look for something to do)

2 자책만 하고 있기보다는, 해결책을 찾아보도록 해. (get down on oneself)

3 내 경력이 전혀 진전되지 못하는 것만 같다. (going nowhere)

4 독서를 하면 인생이 풍요로워질 수 있다는 것은 누구나 안다. (enrich one's life)

ANSWERS
1. If you're **looking for something to do**, I can lend you a book.
2. Instead of **getting down on yourself**, try to find a solution.
3. I feel like my career is **going nowhere**.
4. Everyone knows that reading can **enrich your life**.

DAY 26

Recitation Challenge

낭독 챌린지

음원 26

Today's TOPIC

26th

저는 지난 5월부터 입트영 낭독 챌린지에 참여하고 있어요. 매일 입트영 지문을 연습해요. 그다음 지문을 낭독하는 영상을 찍어서 SNS에 올려요. 이것을 현재 정말 많은 사람이 같이 하고 있어요.

낭독 인증 영상을 올릴 때, 다 같이 쓰는 해시태그가 있어요. 누군가가 단 해시태그를 클릭하면, 많은 참여자의 낭독 영상을 볼 수 있어요. 같은 내용이라도 모두 각자의 개성에 따라 다르게 읽어서, 다른 사람들이 어떻게 읽는지 보는 재미에 눈을 떴답니다.

특히 제 마음을 사로잡은 것은 성대모사 낭독이었어요. 그중 영국 여왕부터 미국 남부 사투리까지 재치 있게 따라 하는 낭독 영상이 있었어요. 저는 그 영상에 푹 빠져 정주행하고 있어요. 그런데 알고 보니, 그 목소리의 주인공은 8년 전 우쿨렐레 모임에서 만난, 제가 가장 좋아하는 크리에이터였어요.

SPEECH PRACTICE

Ever since last May, I have been participating in the 입트영 Recitation Challenge. Every day, I practice the 입트영 sample text. Then, I record a video of myself reciting it, and 076 post it on social media. A lot of people are taking part in the challenge these days.

We all use a hashtag when we upload our recitation videos. If someone tags a post and you click on the hashtag, you can see recitation videos by lots of other participants. Even if it's the same text, everyone 077 puts their own spin on it, so it's fun to see how other people do it.

I've especially been taken by the vocal imitation recitations. There are videos by one person with witty takes on everyone from the queen of England to a southern drawl. I've been 078 watching them non-stop. As it turns out, the voice belonged to my favorite content creator, whom I met at a ukulele gathering 8 years ago.

KEY EXPRESSIONS

record a video of ~의 영상을 녹화하다
post it on social media
소셜 미디어에 게시하다
take part in ~에 참여하다
tag a post 게시물에 태그를 달다
put one's own spin on
자신만의 개성을 입히다
be taken by ~에 매료되다
vocal imitation 성대모사
witty take on ~에 대한 재치 있는 해석
southern drawl 미국 남부 억양, 사투리
watch something non-stop
정주행으로 시청하다
as it turns out 알고 보니
content creator 콘텐츠 크리에이터

PATTERN
PRACTICE

076 post it on social media 소셜 미디어에 게시하다

I record video of myself reciting the text, and post it on social media.

지문을 낭독하는 영상을 찍어서 SNS에 올려요.

I took a picture of the food and posted it on social media.

나는 음식 사진을 찍어 소셜 미디어에 게시했다.

I didn't look good in the photo, so I didn't post it on social media.

사진에 내가 잘 나오지 않아서 SNS에 올리지는 않았다.

077 put one's own spin on 자신만의 개성을 입히다

Even if it's the same text, everyone puts their own spin on it.

같은 내용이라도 모두 각자의 개성에 따라 다르게 읽습니다.

You can put your own spin on the dish by switching the ingredients.

재료들을 바꿔서 요리에 자신만의 개성을 입힐 수도 있다.

It's an old story, but the author put his own spin on it.

오래된 이야기지만, 작가가 거기에 자신만의 개성을 입혔다.

078 watch something non-stop 정주행으로 시청하다

I've been watching the videos non-stop.

저는 그 영상들에 푹 빠져 정주행하고 있어요.

I watched that show non-stop a few years ago.

몇 년 전에 나는 그 프로그램을 정주행으로 시청했었다.

I watched the first season non-stop, but the second season wasn't as fun.

나는 첫 번째 시즌은 정주행으로 시청했지만, 두 번째 시즌은 그만큼 재미있지는 않았다.

DIALOGUE PRACTICE

A I'm having so much fun watching people's 입트영 recitation videos.

B Me, too. They're **a lot of fun**.

A The first 3-month challenge has **come to a close** now.

B I heard that a new challenge is **just getting started**.

A That's right. I'm going to take part in it, too.

A 다른 분들 입트영 낭독 영상 보는 재미에 살아요.
B 저도 그래요. 너무 재미있어요.
A 이제 한 번의 3개월 챌린지가 끝났어요.
B 새로운 챌린지가 시작된다고 들었어요.
A 맞아요. 저도 꼭 참여할 거예요.

COMPOSITION PRACTICE

1 근거 없는 소문을 듣고 소셜 미디어에 올리는 사람들도 있다. (post it on social media)

2 원한다면 조리법에 자신만의 개성을 더해줄 수도 있다. (put one's own spin on)

3 시트콤을 정주행으로 보는 것만으로는 영어가 늘기에 역부족이다. (watch something non-stop)

4 그 영화는 아주 재미있었다. (a lot of fun)

ANSWERS
1. Some people hear baseless rumors and **post them on social media.**
2. You can **put your own spin on** the recipe, if you want.
3. **Watching sitcoms non-stop** is not enough to improve your English.
4. The movie was **a lot of fun**.

DAY 27

Study Groups

스터디 그룹

음원 27

Today's TOPIC

27th

나는 매주 토요일 아침에 영어 스터디에 참여한다. 스터디를 하는 이유는 영어 실력을 늘리고 싶고 좋은 사람들과 만나서 얘기하는 것을 좋아하기 때문이다. 특히 어학 공부는 혼자 하는 것보다는, 함께 모여서 하는 것이 동기 부여가 더 잘 된다.

EBS 라디오 교재인 '입이 트이는 영어' 책으로 매주 스터디를 한다. 매월 새로운 주제들이 업데이트되는 월간지이다. 주제별로 쓸 수 있는 유용한 표현이 많아 영어 공부에 도움이 많이 된다. 스터디는 대략 2시간 정도 진행된다. 가급적이면 영어로만 대화하려고 노력한다.

흥미로웠던 표현과 서로 궁금한 점 등에 대해서 이야기를 나누다 보면, 영어 말하기가 조금씩 더 잘 되는 느낌이다. 이처럼 매주 하는 영어 스터디는 내 삶에 큰 활력을 불어넣어 주는 시간이다.

SPEECH PRACTICE

Every Saturday morning, I take part in an English study group. I participate to become fluent in English, and also because I 079 get a kick out of meeting great people to 080 chew the fat. It's easier to 081 pump myself up for language studies when I'm in a group, compared to when I'm on my own.

We study each week using an EBS radio book called "입이 트이는 영어." It's a monthly, so it's updated each month with new topics. It's really helpful for studying English, because it's packed full of useful expressions. The study sessions last about 2 hours. If at all possible, we try to speak only in English.

By discussing expressions that caught our interest and questions we have, I feel like my English speaking level is improving, bit by bit. These weekly English study sessions are bright spots in my life.

KEY EXPRESSIONS

take part in ~에 참여하다
become fluent (어학에) 능숙해지다
get a kick out of ~을 즐기다
chew the fat 수다를 떨다
pump someone up
의욕을 부여하다, 흥분하게 하다
on one's own 혼자서
a monthly 월간 출판물
packed full of ~으로 가득한
if at all possible 가급적
catch one's interest 관심을 끌다
bit by bit 조금씩
bright spot in one's life 삶의 활력소

PATTERN
PRACTICE

079 get a kick out of ~을 즐기다

I get a kick out of meeting great people to chat.
좋은 사람들과 만나서 얘기하는 것을 좋아한다.

I get a kick out of this song, no matter how often I hear it.
이 노래는 아무리 자주 들어도 좋다.

I think your son will get a kick out of this toy.
아들이 이 장난감을 좋아할 것 같아.

080 chew the fat 수다를 떨다

I enjoy meeting great people to chew the fat.
좋은 사람들과 만나서 수다 떠는 것을 좋아한다.

This café is a great place to chew the fat.
이 카페는 수다를 떨기에 아주 좋은 곳이야.

I was glad to see her, but I didn't have time to chew the fat.
그녀를 봐서 반가웠지만, 수다를 떨 시간이 없었다.

081 pump someone up 의욕을 부여하다, 흥분하게 하다

It's easier to pump myself up for language studies when I'm in a group.
어학 공부는 함께 모여서 하는 것이 동기 부여가 더 잘 된다.

I tried to pump myself up before the important presentation.
중요한 발표에 앞서 스스로 의욕을 돋우려고 해 봤다.

My parents tried to pump me up every weekend.
부모님께서는 주말마다 내가 기운을 내도록 격려해 주신다.

DIALOGUE PRACTICE

A What are you doing tomorrow? Do you want to meet for brunch?

B I'm sorry, but I'm meeting my study group. How about getting dinner?

A You meet on the weekends, too? I thought you met each Wednesday.

B **Practice makes perfect**. You can go with me, if you're curious.

A Um, I'll think about that.

A 내일 뭐 해? 우리 만나서 브런치 먹을까?
B 미안하지만 스터디 그룹 모임이 있어. 저녁을 먹는 것은 어때?
A 주말에도 모여? 나는 수요일마다 만나는 줄 알았지.
B 연습할수록 완벽해지잖아. 궁금하면 너도 같이 가 봐도 돼.
A 음, 생각 좀 해 볼게.

COMPOSITION PRACTICE

1 단순한 게임이지만, 나는 재미있어. (get a kick out of)

2 우리가 수다를 떨기에 너무 시끄러웠다. (chew the fat)

3 이 음식점은 점심시간에 항상 사람들로 가득하다. (packed full of)

4 운동으로 조금씩 살을 뺐다. (bit by bit)

ANSWERS 1. It's a simple game, but I **get a kick out of** it.
2. It was too noisy for us to **chew the fat**.
3. This restaurant is always **packed full of** people at lunchtime.
4. I lost weight **bit by bit** by exercising.

DAY
28

Keeping a Blog

블로그 운영

음원 28

Today's TOPIC

28th

길었던 고3 수험 생활이 드디어 끝났다. 입시가 끝나고 생긴 여유 시간에 의미 있는 일을 하고 싶었다. 그래서 블로그를 하나 개설했다. 다른 사람의 포스팅을 봤을 때는 블로그에 글을 쓰는 것이 그렇게 어려워 보이지 않았다. 그러나 막상 포스팅을 직접 해 보니 쉽지 않았다. 이것저것 생각이 많아져서 정리하는 것부터 애를 먹었다.

서점에 가 보니 블로그와 유튜브에서 조회수를 늘릴 수 있는 방법이 쓰여 있는 책들이 눈에 띄었다. 한 권 살까 고민도 했다. 물론, 좋은 포스팅을 하는데 이런 노하우가 당연히 필요할 것 같았다. 그러나 나는 아직 초보이다. 나는 일단 하루에 하나라도 꾸준히 게시물을 올리려고 하는 노력을 먼저 해 보기로 마음먹었다.

SPEECH PRACTICE

My long year as a high school senior finally came to an end. I wanted to 082 **do something meaningful** in the free time I had after applying to college. So, I started a blog. When I read posts by other people, writing blog posts didn't seem that hard. But as I started posting my own content, I found it to be difficult. I had so many ideas that it was hard to 083 **get my thoughts in order**.

At the bookstore, I found books with pointers on how to 084 **increase the number of hits** for blogs and on YouTube. I thought about whether I should buy one. Of course, I did think that this kind of know-how is necessary to create good postings. But I'm still just a beginner. I decided that I should start by trying to post at least once each day.

KEY EXPRESSIONS

high school senior 고3
come to an end 끝이 나다
do something meaningful 의미 있는 일을 하다
apply to college 대학에 지원하다
find something to be ~라고 느끼다
get one's thoughts in order 생각을 정리하다
pointers on ~에 대한 조언, 비법
increase the number of hits 조회수를 올리다
know-how 요령, 노하우
just a beginner 초보자에 불과한

PATTERN
PRACTICE

082 do something meaningful 의미 있는 일을 하다

I wanted to do something meaningful in my free time.
여유 시간에 의미 있는 일을 하고 싶었다.

There are many ways to do something meaningful during your vacation.
휴가 때 의미 있는 일을 할 수 있는 여러 가지 방법이 있다.

I want to do something meaningful for our wedding anniversary.
우리의 결혼기념일에 뭔가 의미 있는 일을 하고 싶어.

083 get one's thoughts in order 생각을 정리하다

It was hard to get my thoughts in order.
생각을 정리하는 것부터 애를 먹었다.

Writing in my diary helps me get my thoughts in order.
일기를 쓰면 생각을 정리하는 데 도움이 된다.

Don't make a decision before you get your thoughts in order.
생각을 정리하기 전에는 결정을 내리지 마.

084 increase the number of hits 조회수를 올리다

At the bookstore, I found books on how to increase the number of hits.
서점에 가 보니 조회수를 늘릴 수 있는 방법이 쓰여 있는 책들이 눈에 띄었다.

His post increased the number of hits on my blog.
그의 게시물이 내 블로그 조회수를 증가시켰다.

You can earn more money by increasing the number of hits.
조회수를 올리면 돈을 더 많이 벌 수 있다.

DIALOGUE PRACTICE

A Aren't you **running a blog**?

B Yeah. I've **been at it** for two years.

A I really want to start a blog myself. Can you **show me the ropes**?

B Sure. I'll **walk you through it**!

A Oh, thanks a lot. I'll make it up to you.

A 너 운영하고 있는 블로그 있지?
B 응. 2년 전부터 운영했어.
A 나도 내 블로그를 꼭 만들어 보고 싶어서. 어떻게 하면 되는지 도와줄 수 있어?
B 그럼. 내가 차근차근 다 설명해 줄게!
A 오, 정말 고마워. 나중에 꼭 갚을게.

COMPOSITION PRACTICE

1 주말에는 뭔가 의미 있는 일을 해 보려고 노력한다. (do something meaningful)

2 생각을 정리할 시간이 좀 필요해. (get one's thoughts in order)

3 조회수를 올리기 위해 소셜 미디어에 홍보하는 사람들도 있다. (increase the number of hits)

4 월요일부터 지금까지 그걸 하고 있어. (be at it)

ANSWERS
1. I try to **do something meaningful** on weekends.
2. I need some time to **get my thoughts in order**.
3. Some people advertise on social media to **increase the number of hits**.
4. I have **been at it** since Monday.

DAY
29

Life after Retirement

음원 29

퇴직 후 인생

Today's TOPIC

29th

요즘은 건강을 잘 유지하면 100세까지도 사는 시대이다. 그래서 많은 사람이 퇴직 후, 인생 제2막을 위한 준비를 더 철저히 한다. 무엇보다 퇴직 후를 대비한 경제적 준비를 하는 것이 중요하다. 퇴직 후에 취미 생활을 한다든가, 자기 계발을 위해 뭔가를 배우는 것도 삶의 의미를 찾는 데 도움이 된다.

우리 아버지는 35년간의 직장 생활을 마치고 퇴직하셨다. 투자해 놓은 부동산이 있으셨다. 그리고 매달 연금을 받으셔서 경제적으로는 문제가 없다. 취미 생활로는 꾸준히 테니스를 치신다. 동네 주민들과 운동을 하며 즐거움을 찾으신다. 또한 성당에 다니시며 교인들과 자주 만나신다. 그리고 작은 밭에 농작물을 키우신다. 더불어, 어머니와 해외여행도 자주 다녀오신다.

SPEECH PRACTICE

These days, people live to be 100 if they stay in shape. That's why more people are shoring up for the second act of their lives after retirement. Preparing financially for 085 **post-retirement life** is most important. Having a hobby or learning something for self-improvement can also help to find a sense of meaning in life after retirement.

My dad retired after 35 years 086 **on the job**. He invested in real estate. He also 087 **receives a pension** every month, so there were no financial issues. As a hobby, he continues to play tennis. He finds happiness by exercising with neighbors. He also meets with fellow churchgoers at church. Plus, he grows crops in a small garden. He also often travels abroad with my mom.

KEY EXPRESSIONS

live to be ~살까지 살다
stay in shape 건강을 유지하다
shore up for ~에 철저히 대비하다
second act of one's life 인생의 2막
post-retirement life 퇴직 후의 삶
self-improvement 자기 계발
a sense of meaning 삶의 의미
on the job 근무 중에
invest in real estate 부동산에 투자하다
receive a pension 연금을 수령하다
financial issues 경제적인 어려움
as a hobby 취미로
find happiness 행복을 찾다
fellow churchgoers 교인
grow crops 농작물을 키우다
travel abroad 해외여행을 가다

085 post-retirement life 퇴직 후의 삶

Preparing financially for post-retirement life is most important.

무엇보다 퇴직 후를 대비한 경제적 준비를 하는 것이 중요하다.

My friends and I already talk about our post-retirement lives.

친구들과 벌써부터 퇴직 후의 삶에 대해 이야기한다.

Post-retirement life is much longer than it used to be.

예전에 비해 퇴직 후의 삶이 훨씬 길어졌다.

086 on the job 근무 중에

Our father retired after 35 years on the job.

우리 아버지는 35년간의 직장 생활을 마치고 퇴직하셨다.

I can't use my phone when I am on the job.

근무 중에는 휴대폰을 사용할 수 없어.

After two years on the job, I decided to go back to school.

2년간 직장 생활을 한 후 학교로 돌아가기로 결심했다.

087 receive a pension 연금을 수령하다

Our father receives a pension every month.

아버지는 매달 연금을 받으신다.

Most people in Korea can receive a pension.

한국에서는 대부분의 사람이 연금을 받을 수 있다.

She receives a pension, but she still wants to work.

그녀는 연금을 받는데도 일을 하고 싶어 한다.

DIALOGUE PRACTICE

A How is your grandmother? Is she doing well these days?

B Of course. She went on a trip to Thailand. She's learning how to surf.

A Surfing? But isn't she over 60 years old? It sounds dangerous.

B **She's young at heart**. I tried to stop her, but she wouldn't listen.

A Well, then, I guess there's nothing more you can do.

A 할머니 어떻게 지내셔? 요새 건강하시지?
B 물론이지. 태국으로 여행을 가셨어. 서핑을 배우신대.
A 서핑이라고? 하지만 환갑도 지나셨잖아. 위험할 것 같은데.
B 마음만은 청춘이셔. 말려보려고 했는데 안 들으시더라고.
A 그럼 네가 더 이상 할 수 있는 건 없을 것 같네.

COMPOSITION PRACTICE

1 건강을 유지하기 위해 매주 3번 조깅을 한다. (stay in shape)

2 직장에 있을 때는 집중하려고 노력한다. (on the job)

3 어머니께서는 퇴직 이후의 삶을 정말 즐기고 계셔. (post-retirement life)

4 그는 연금을 받기는 하는데, 많지는 않아. (receive a pension)

ANSWERS 1. I jog three times a week to **stay in shape**.
2. When I am **on the job**, I try to focus.
3. Our mother is really enjoying her **post-retirement life**.
4. He does **receive a pension**, but it's not much.

DAY
30

음원 30

DIY Hobbies

DIY 취미

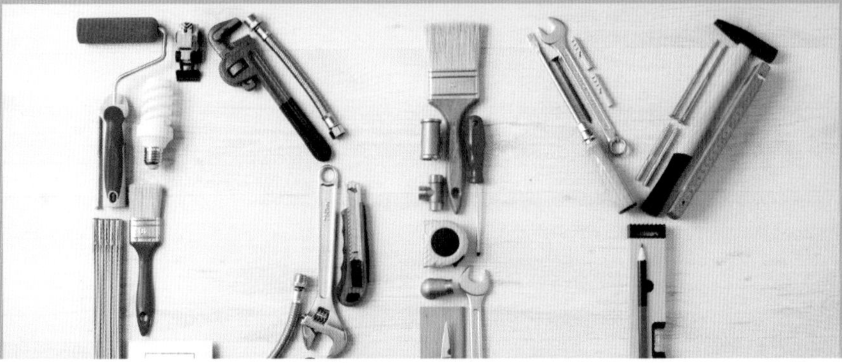

Today's TOPIC

30th

DIY는 Do It Yourself의 약자이다. 소비자가 직접 가구와 같은 물건을 조립하는 것을 말한다. 몇 년 동안은 코로나19로 인해서 사람들이 집에 머무는 시간이 많았다. 그래서 가정 내에서 할 수 있는 취미들이 늘어났다. 이러면서 DIY가 하나의 트렌드로 자리잡았다. 특히 서점에서 많은 DIY 용품을 볼 수 있다. 명화 그리기와 미니어처 집 만들기 등이 좋은 예이다.

그중에서도 미니어처 집 만들기에는 종이, 철사, 나무, 플라스틱이 있다. 이것들을 자르고 붙여서, 작고 정교한 방을 만드는 것이다. 아이들과 함께 즐거운 시간을 보낼 수 있고, 덤으로 예쁜 결과물이 나올 수 있다. 게다가 직접 전구를 연결하여 불을 켜서 아늑함을 더할 수 있다. DIY 제품들은 이렇게 소소한 취미를 즐기게 도와준다.

SPEECH PRACTICE

DIY is short for "Do It Yourself." It refers to products like furniture that consumers assemble 088 **for themselves**. People spent time at home a lot for a few years because of COVID-19. So, hobbies that can be enjoyed from home were on the rise. This made DIY a hot trend. You can find a lot of DIY items at bookstores. Painting kits and miniature models of houses are some good examples.

Miniature model house kits include paper, wire, wood and plastic. Users cut and 089 **paste them together** to create small, intricately detailed rooms. You can 090 **spend quality time** with your kids, and you even get a pretty model house as a result. You can also add light bulbs to create a cozy atmosphere. DIY products help users enjoy pastimes this way.

KEY EXPRESSIONS

be short for 약자이다, 줄임말이다
for oneself (남의 도움을 받지 않고) 직접, 스스로
spend time at home 집에서 시간을 보내다
from home (어디 나가지 않고) 집에서
be on the rise 상승세이다, 증가 추세이다
hot trend 유행하는 트렌드
painting kit 그림 그리기 키트
miniature model 미니어처 모형
paste something together 풀로 붙이다
intricately detailed 세밀한
spend quality time 뜻깊은 시간을 보내다
cozy atmosphere 아늑한 분위기
enjoy a pastime 취미를 즐기다

PATTERN
PRACTICE

088 **for oneself** (남의 도움을 받지 않고) 직접, 스스로

Consumers assemble products like furniture for themselves.
소비자가 직접 가구와 같은 물건을 조립한다.

I want to see it for myself.
내가 직접 보고 싶어.

I tried cooking the dish for myself.
내가 스스로 그 요리를 한번 해 봤다.

089 **paste something together** 풀로 붙이다

Users cut and paste the pieces together.
조각들을 자르고 붙인다.

I broke a vase, but I was able to paste the pieces together.
화병을 깨뜨렸지만, 조각들을 풀로 붙일 수 있었다.

My son pasted pieces of paper together to make a flower.
아들이 종잇조각들을 풀로 붙여 꽃을 만들었다.

090 **spend quality time** 뜻깊은 시간을 보내다

You can spend quality time with your kids.
아이들과 함께 즐거운 시간을 보낼 수 있다.

Try to think of it as a chance to spend quality time at home.
집에서 양질의 시간을 보낼 수 있는 기회라고 생각해 봐.

I was able to spend quality time with my family during my vacation.
나는 휴가 기간 동안 가족들과 뜻깊은 시간을 보낼 수 있었다.

DIALOGUE PRACTICE

A There seems to be **a bunch of** DIY items these days.

B Yeah. There are so many DIY kits.

A Have you **tried your hand at** any of them?

B I've tried **making candles by hand** at home.

A Wow, you must **be good with your hands**.

A 요즘 DIY 제품들이 정말 다양한 것 같아.
B 맞아. DIY 키트들이 정말 많더라고.
A 해 본 것 있어?
B 난 집에서 양초를 손으로 직접 만드는 것을 해 봤어.
A 우와, 너 손재주가 있구나.

COMPOSITION PRACTICE

1 내가 그것을 직접 해 보기 전에는 이해하지 못했었다. (for oneself)

2 조각들을 다시 풀로 붙이지는 못할 것 같아. (paste something together)

3 지난 주말에는 아이들과 뜻깊은 시간을 보냈다. (spend quality time)

4 주방장이 국수를 손으로 직접 만든다. (make something by hand)

ANSWERS
1. I didn't understand it until I tried it **for myself**.
2. I don't think I can **paste the pieces together** again.
3. I **spent quality time** with my kids last weekend.
4. The chef **makes the noodles by hand**.

CHAPTER 3

EXERCISE
운동

DAY 31
Working Out
운동

DAY 32
Home Workouts
홈 트레이닝

DAY 33
Workouts at the Gym
헬스장 운동

DAY 34
Talking Walks
산책하기

DAY 35
Hiking
등산

DAY 36
Cycling
자전거 타기

DAY 37
Pilates
필라테스

DAY 38
Yoga
요가

DAY 39
Swimming
수영

DAY 40
10,000 Steps Per Day
하루 만 보 걷기

RELATED QUESTIONS

주제별 스피치 향상을 위한 질문 모음

Try to answer the questions based on each topic.

DAY 31 TOPIC 운동

1 Do you enjoy working out? Why or why not?
2 What are some good ways for busy people to work out?
3 What are some good ways for lazy people to work out?

DAY 32 TOPIC 홈 트레이닝

1 What are some exercises that are easy to do at home?
2 Did you gain or lose weight during the coronavirus pandemic? Why?
3 What are some other things that have become easier to do at home?

DAY 33 TOPIC 헬스장 운동

1 How has the coronavirus crisis changed the way you exercise?
2 What is the most difficult part about going to a gym for the first time?
3 Describe your personal workout routine. What do you focus on?

DAY 34 TOPIC 산책하기

1 Do you like taking walks? Why or why not?
2 What are some popular places to take walks?
3 Do you prefer going on walks alone, or with other people? Explain.

DAY 35 TOPIC 등산

1 Describe a time when you went hiking. How did it feel?
2 Why do you think hiking is such a popular activity in Korea?
3 What are types of equipment you need to go hiking?

DAY 36 TOPIC 자전거 타기

1 Why are bicycles a popular form of transport or exercise?
2 Do you think people should be allowed to ride bicycles on the road?
3 How could road conditions be improved for cyclists?

DAY 37 TOPIC 필라테스

1 Have you ever learned Pilates? What did you like about it? What didn't you like?
2 How are yoga and Pilates similar? In what ways are they different?
3 What are some other types of exercise that you enjoy?

DAY 38 TOPIC 요가

1 What is your favorite way to exercise? Why does that method appeal to you?
2 Describe the similarities and differences between yoga and Pilates.
3 What are some simple, effective workouts people can try at home?

DAY 39 TOPIC 수영

1 Are you afraid of water? If so, why do you think you are?
2 Swimming lessons are mandatory in some countries. Do you think this is a good idea?
3 What other types of indoor sports do people enjoy?

DAY 40 TOPIC 하루 만 보 걷기

1 What do you think is the most effective way to exercise?
2 Do you use any fitness trackers or wearable devices? How do you use them?
3 What is a good way to continue your workout every day?

DAY
31

Working Out

운동

음원 31

Today's TOPIC

31th

매년 새해 결심으로 항상 운동을 하겠다고 마음먹는다. 하지만 잘 지키지 못한다. 올해 역시 운동을 규칙적으로 하기로 다짐했다. 연초에 헬스클럽에 회원 가입을 했다. 요가 수업에도 등록했다. 한동안은 순조롭게 진행됐다. 하지만 머지않아 다소 게을러졌다. 운동을 하지 않으려고 이런저런 핑계를 만들었다.

최근에는 살이 많이 쪘다. 그 어느 때보다 운동이 절실하다. 밤에는 밖에 나가서 숨이 찰 때까지 줄넘기를 한다. 줄넘기는 훌륭한 유산소 운동이다. 공원도 여러 바퀴 돈다. 근력 운동은 하지 않는데, 살이 좀 빠지면 시작할지도 모른다. 확실히 운동을 하면 기분이 상쾌해지고 좋다.

SPEECH PRACTICE

Every year, my New Year's resolution is to work out more. However, I rarely stick to it. This year, I resolved to exercise on a regular basis. I joined a gym early in the year. I also 091 signed up for yoga classes. For a while, it went like clockwork. However, I soon 092 became a bit lazy. I made excuses to skip my workouts.

Recently, I put on a lot of weight. I need to exercise now more than ever. At night, I go outside and jump rope until I 093 am out of breath. It is good cardio exercise. I also do several laps around the park. I don't do any weight training, but maybe I will start after I drop some weight. The exercise definitely makes me feel refreshed.

KEY EXPRESSIONS

New Year's resolution 새해 다짐
work out 운동하다
stick to it 하던 것을 지키다
resolve to ~하기로 다짐하다
on a regular basis 규칙적으로
join a gym 헬스장에 가입하다
sign up for ~에 등록하다
go like clockwork 계획대로 진행되다
become a bit lazy 다소 게을러지다
make an excuse 핑계를 대다
workout 운동
put on weight 살이 찌다
now more than ever 그 어느 때보다
jump rope 줄넘기를 하다
be out of breath 숨이 차다
cardio exercise 유산소 운동
do several laps 여러 바퀴 뛰다
drop weight 살을 빼다
feel refreshed 기분이 상쾌하다

091 sign up for ~에 등록하다

I signed up for yoga classes.
나는 요가 수업에 등록했다.

Did you sign up for that professor's class?
그 교수님 수업 신청했어?

We all signed up for some volunteer work.
우리는 모두 봉사 활동을 신청했다.

092 become a bit lazy 다소 게을러지다

I soon became a bit lazy.
나는 머지않아 다소 게을러졌다.

People often become a bit lazy in the winter.
겨울에는 사람들이 다소 게을러지는 경우가 많다.

I usually become a bit lazy on weekends.
나는 주말에 다소 게을러지는 편이다.

093 be out of breath 숨이 차다

I exercise until I am out of breath.
숨이 찰 때까지 운동을 한다.

I was out of breath after climbing the stairs.
계단을 오르고 나서 숨이 찼다.

If you walk too quickly, you will soon be out of breath.
너무 빨리 걸으면 이내 숨이 찰 거야.

DIALOGUE PRACTICE

A Why are you so sweaty? Did something happen?

B I was at the gym. I've been working out for weeks.

A **It shows**. You look much thinner.

B Thank you! I still need to lose more weight.

A You just look fine now.

A 왜 그렇게 땀범벅이야? 무슨 일 있었어?
B 헬스장에 있다 왔어. 몇 주째 운동하고 있어.
A 티가 나네. 훨씬 날씬해 보여.
B 고마워! 아직 살을 더 빼야 해.
A 지금도 충분히 보기 좋아.

COMPOSITION PRACTICE

1 그 수업은 미리 신청해야 해. (sign up for)

2 학생들은 시험을 보고 난 후에 다소 게을러지는 경우가 있다. (become a bit lazy)

3 계단을 뛰어 올라와서 숨이 차다. (be out of breath)

4 방금 세수를 해서 기분이 상쾌해. (feel refreshed)

ANSWERS
1. You have to **sign up for** the class in advance.
2. Students sometimes **become a bit lazy** after their exams.
3. I **am out of breath** because I ran up the stairs.
4. I **feel refreshed**, because I just washed my face.

DAY 32

Home Workouts

홈 트레이닝

음원 32

Today's TOPIC

32th

코로나바이러스로 인해서, 대부분의 실내 운동 강습이 몇 년간 운영되지 않았다. 많은 사람이 밀폐된 실내에서 운동하면 집단 감염의 위험이 있었기 때문이다.

나는 3년 전부터 필라테스 강습을 꾸준히 받아왔다. 그런데 강습을 한동안 가지 못했다. 하던 운동을 안 하니, 몸이 뻐근해지기 시작했다. 그래서 그때 이후로 홈 트레이닝을 시작했다. 층간 소음을 제기할까 봐 뛰는 운동은 실내에서 하기 힘들다. 그래서 요가를 선택했다.

유튜브에 올라와 있는 요가 영상들을 집에서 따라 하며 운동했다. 정해진 시간에 실시간으로 스트리밍 되는 요가 강습들도 있다. 어딘가에 따로 가지 않아도, 직접 강습을 받는 것 같아서 정말 좋다. 게다가 비용도 전혀 들지 않아서 돈을 아낄 수 있다.

SPEECH PRACTICE

Most indoor workout classes were put on hold for a few years because of the coronavirus. It's because there was a risk of widespread infection if lots of people work out in an enclosed space.

I have taken Pilates lessons for the last three years. But I wasn't able to go to the lessons for quite a while. When I stopped exercising, my body began to 094 feel stiff. So since then, I began exercising at home. I can't run or jump indoors for fear of getting 095 noise complaints. That's why I chose yoga.

I exercised by following along to yoga videos on YouTube. Some yoga lessons are streamed in real time at a fixed time. I like that I can feel like I'm getting lessons in person, without having to go anywhere. Plus, I can save money because it 096 doesn't cost a penny.

KEY EXPRESSIONS

put on hold 중단하다, 대기시키다
there is a risk of ~의 위험이 있다
widespread infection 광범위한 감염 확산
enclosed space 밀폐된 공간
feel stiff 몸이 뻐근하다
for fear of ~의 우려로 인해
noise complaints
이웃 간 소음에 대한 이의 제기
follow along to ~을 따라 하다
in real time 실시간으로
at a fixed time 정해진 시간에
get lessons 강습을 받다
in person 직접, 몸소
doesn't cost a penny 한 푼도 들지 않다

094 feel stiff 몸이 뻐근하다

Ever since I stopped exercising, my body began to feel stiff.
하던 운동을 안 하니, 몸이 뻐근해지기 시작했다.

I often feel stiff when I wake up in the morning.
나는 아침에 일어나면 몸이 뻐근한 경우가 많다.

My knees feel stiff because I worked out a lot yesterday.
어제 운동을 많이 했더니 무릎이 뻐근해.

095 noise complaints 이웃 간 소음에 대한 이의 제기

I can't run or jump indoors because of noise complaints.
층간 소음 때문에 뛰는 운동은 실내에서 하기 힘들다.

We sometimes receive noise complaints because of our son.
우리는 아들 때문에 이웃들로부터 소음에 대한 불평을 듣기도 해.

People often argue because of noise complaints.
(층간) 소음으로 인해 사람들끼리 다투는 경우가 자주 있다.

096 doesn't cost a penny 한 푼도 들지 않다

I can save money because it doesn't cost a penny.
비용이 전혀 들지 않아서 돈을 아낄 수 있다.

It doesn't cost a penny to give someone a compliment.
누군가를 칭찬하는 데 비용이 드는 것도 아니잖아.

If you're a member, it doesn't cost a penny.
만약 회원이라면 돈을 전혀 안 내도 돼.

DIALOGUE PRACTICE

A I **feel sluggish** these days because I haven't been working out.

B Me, too. I've heard that 'home training' is getting popular these days.

A That's what they call working out at home, right?

B Yeah. People **follow a schedule** and exercise while watching YouTube videos.

A Do you think we should try that?

A 요새 운동을 안 하니까 몸이 무거워.
B 나도 그래. 그래서 요즘 '홈 트레이닝' 많이 한다고 하던데.
A 그냥 집에서 운동하는 것을 그렇게 부르는 거지?
B 응. 유튜브 영상을 보면서 정해진 시간에 운동하고 그런대.
A 우리도 그거 해 볼까?

COMPOSITION PRACTICE

1 **5분 동안 스트레칭을 했는데도 여전히 몸이 뻐근해. (feel stiff)**

---

2 **시끄러운 음악 소리 때문에 이웃들이 우리에게 불평을 했다. (noise complaint)**

---

3 **도서관에서 책을 빌리는 데 비용이 하나도 들지 않아. (doesn't cost a penny)**

---

4 **나는 커피를 마시기 전까지는 몸이 무거워. (feel sluggish)**

ANSWERS
1. I stretched for five minutes, but I still **feel stiff**.
2. We got a **noise complaint** because of the loud music.
3. It **doesn't cost a penny** to borrow books from the library.
4. I **feel sluggish** until I had some coffee.

DAY 33

Workouts at the Gym

헬스장 운동

음원 33

Today's TOPIC

33th

저는 헬스 트레이너로서 다양한 운동 목적을 지닌 사람들을 만납니다. 많은 사람이 다이어트를 목적으로 운동하지만, 그렇지 않은 경우도 많습니다. 오히려 너무 말랐다고 생각해서, 근육량을 늘려 몸을 키우기를 원하는 사람들도 있습니다. 또한 각종 질병을 극복하기 위해, 의사로부터 운동을 권고 받고 늦은 나이에 운동을 시작하시는 분들도 있습니다.

운동을 처음 시작하는 분들은 열의가 넘쳐서 과도한 운동을 하는 경우가 많습니다. 그러나 이런 분들은 대개 2주 정도가 지나면, 헬스장에 다시 나오지 않습니다.

지나친 운동은 몸의 통증을 남기게 됩니다. 그리고 운동 자체를 고통의 기억으로 남게 합니다. 그래서 다시 헬스장에 가고 싶지 않게 만듭니다. 운동을 하겠다는 결심이 소위 작심삼일이 되는 것입니다. 차근차근 자신의 수준에 맞게 꾸준히 운동하는 것이 가장 좋습니다.

SPEECH PRACTICE

As a fitness trainer, I meet people who work out for various reasons. Lots of people exercise to shed weight, but many others have different reasons. Some people feel they are too skinny, so they want to bulk up by 097 increasing muscle mass. Many older people begin exercising on their doctor's orders to recover from illness.

People who are first starting out are so pumped up that they often overdo it. But few of these people come back to the gym after about two weeks.

Excessive exercise will leave you 098 feeling sore. This makes exercise seem like a painful memory. It makes people want to avoid the gym. Their determination to exercise becomes short-lived. It's best to 099 take it slow and steady, exercising at an appropriate level.

KEY EXPRESSIONS

fitness trainer 헬스 트레이너
for various reasons 다양한 이유로
shed weight 체중을 감량하다
bulk up 몸을 키우다
increase muscle mass 근육량을 늘리다
on the doctor's orders 의사의 권고에 따라
first starting out 처음 시작하는
pumped up 의욕이 넘치는
overdo it 과도하게 하다
excessive exercise 과도한 운동
feel sore 몸이 뻐근하다
painful memory 아픈 기억
determination to exercise 운동을 하겠다는 의지
short-lived 오래가지 못하는
take it slow and steady 천천히 꾸준히 하다
at an appropriate level 적정 수준으로

PATTERN
PRACTICE

097 increase muscle mass 근육량을 늘리다

Some people feel they are too skinny, so they want to increase muscle mass.

오히려 너무 말랐다고 생각해서, 근육량을 늘려 몸을 키우기를 원하는 사람들도 있습니다.

I ate a lot of protein to increase muscle mass.

나는 근육량을 늘려보려고 단백질을 많이 섭취했다.

You can't increase muscle mass with only cardio exercise.

유산소 운동만으로 근육량을 늘릴 수는 없다.

098 feel sore 몸이 뻐근하다

Excessive exercise will leave you feeling sore.

지나친 운동은 몸의 통증을 남기게 됩니다.

I was fine yesterday, but I feel really sore today.

어제는 멀쩡했는데, 오늘은 몸이 정말 뻐근하다.

My neck feels sore because I slept on the sofa.

소파에서 잤더니 목이 뻐근하다.

099 take it slow and steady 천천히 꾸준히 하다

It's best to take it slow and steady when exercising.

운동은 차근차근 꾸준히 하는 것이 가장 좋습니다.

You will last longer if you take it slow and steady.

천천히 꾸준히 하면 더 오래 할 수 있다.

If you take it slow and steady, you will succeed eventually.

차근차근 꾸준히 하다 보면 언젠가는 꼭 성공할 거야.

DIALOGUE PRACTICE

A Are you **getting any exercise** these days?

B Sure. I **signed up for a gym membership**.

A Do you wear a mask when you work out?

B Of course. I've tried **home workouts**, but I keep **getting lazy**.

A Yeah. You do need to **stay motivated** to exercise.

A 요즘 운동하니?
B 응. 헬스장 등록했지.
A 마스크 쓰고 운동해?
B 물론이지. 홈트 해 봤는데, 잘 안 하게 되더라고.
A 맞아. 운동도 의지가 있어야 하는 거니까.

COMPOSITION PRACTICE

1 특정 식품을 먹는 것만으로는 근육량을 키울 수 없다. (increase muscle mass)

2 어제 너무 많이 뛰었더니 무릎이 아프다. (feel sore)

3 우리는 천천히 관계를 이어 나가고 있어. (take it slow and steady)

4 나는 운동을 하기 위해 매일 걸어서 귀가한다. (get some exercise)

ANSWERS
1. You can't **increase muscle mass** just by eating certain foods.
2. My knees **feel sore** because I ran too much yesterday.
3. We're **taking it slow and steady** in our relationship.
4. I walk home every day to **get some exercise**.

DAY
34

Talking Walks

산책하기

음원 34

Today's TOPIC

34th

나는 산책하는 것을 매우 좋아한다. 평상시 운동할 시간이 없는 경우가 많아서, 기회가 생길 때마다 이렇게 산책을 통해 운동을 하려고 한다.

일찍 퇴근하는 날은 저녁 식사를 하고 동네 아파트 단지 주변을 산책한다. 아파트 단지 내에 산책을 할 수 있는 산책로가 조성되어 있다. 보통 단지를 몇 바퀴 돈다. 한 시간 정도 걷고 나면, 소화가 되고 기분도 좋다. 조금 빠른 속도로 걸으면 더 많은 운동이 된다.

주말에는 아예 가족들과 같이 나가서 산책한다. 얼마 떨어지지 않은 곳에 멋진 공원이 조성되어 있어서, 그곳에서 산책을 주로 한다. 산책하며 가족들과 대화를 나눌 수도 있어서 매우 좋다. 산책보다 더 좋은 운동이 있을까 싶다.

SPEECH PRACTICE

Going for a stroll is 100 right up my alley. I usually can't make time to exercise, so I try to make up for it by taking walks whenever I get the chance.

When I 101 take off from work early, I walk around my neighborhood apartment complex after dinner. There is a walking path on the premises where I can walk. I do several laps around the apartment complex. Walking for about an hour 102 helps with digestion, and picks up my mood. I can get more exercise by walking at a brisker pace.

On weekends, I go out for walks with my family. There is a great park just a hop, skip and a jump away, so we usually go there. It's great because we have time to shoot the breeze. In my mind, walking is the best form of exercise.

KEY EXPRESSIONS

go for a stroll 산책하다
right up one's alley ~의 마음에 쏙 들다
make time to ~할 시간을 내다
make up for something ~을 보완하다
whenever one gets the chance 기회가 될 때마다
take off from work 퇴근하다
apartment complex 아파트 단지
walking path 산책로
on the premises 단지 내에, 구내에
do (several) laps (여러 번) 돌다, 오가다
help with digestion 소화를 돕다
pick up one's mood 기분을 좋게 해 주다
at a brisk pace 빠른 속도로
just a hop, skip and a jump away 가까운 곳에
shoot the breeze 수다를 떨다
in one's mind 본인이 생각하기에

100 right up one's alley ~의 마음에 쏙 들다

Taking walks is right up my alley.
나는 산책하는 것을 매우 좋아한다.

I don't like this kind of music, but it is right up my husband's alley.
나는 이런 종류의 음악을 좋아하지 않지만, 남편은 정말 좋아한다.

If you like action, this movie will be right up your alley.
액션을 좋아한다면 이 영화가 취향에 딱 맞을 거야.

101 take off from work 퇴근하다

I walk around my neighborhood when I take off from work early.
일찍 퇴근을 하면 동네 아파트 단지 주변을 산책한다.

I was too busy to take off from work.
너무 바빠서 퇴근할 수 없었다.

I need to finish this report before I take off from work.
퇴근하기 전에 이 보고서를 완성해야 해.

102 help with digestion 소화를 돕다

Taking walks helps with digestion.
산책을 하면 소화에 도움이 된다.

Drinking lots of water can help with digestion.
물을 많이 마시면 소화에 도움이 된다.

Chewing food for a long time helps with digestion.
음식을 오랫동안 씹으면 소화가 더 잘된다.

DIALOGUE PRACTICE

A Are you ready for your presentation at the meeting? It's important.

B I'm totally ready. **I feel like a million bucks**.

A Wow, aren't you tired from working all night to prepare?

B I was, but I took a walk. Now I feel much better.

A Yeah, Walking is good exercise.

A 회의에서 발표할 준비됐어? 중요한 건이야.
B 완전 준비됐어. 컨디션이 최고야.
A 우와, 준비하느라 밤새워 일했는데 피곤하지도 않아?
B 조금 전까지는 그랬는데, 산책을 다녀왔어. 이제 훨씬 나아.
A 맞아, 걷기는 좋은 운동이지.

COMPOSITION PRACTICE

1 네가 추천해 준 책은 내 취향에 딱 맞았어. (right up one's alley)

2 나는 퇴근하기 전에 책상을 정리하는 것을 좋아한다. (take off from work)

3 나는 평소 친구들과 이야기하면 기분이 좋아진다. (pick up one's mood)

4 식당이 가까운 곳에 있어서 배달 주문을 하지 않았다. (just a hop, skip and a jump away)

ANSWERS
1. The book you recommended was **right up my alley**.
2. I like to organize my desk before I **take off from work**.
3. Talking to my friends usually **picks up my mood**.
4. We didn't order delivery, because the restaurant was **just a hop, skip and a jump away**.

DAY
35

Hiking

등산

음원 35

Today's TOPIC

35th

코로나19로 인해 몇 년간 해외여행이 불가능했다. 사실 국내 여행도 사람이 많이 몰리는 관광지는 피했었다. 그런 이유로 등산이 새로운 트렌드로서 더욱더 인기를 끌었다.

개인적으로, 나는 등산 다닌 지 10년이 넘었다. 그러나 요즘처럼 비교적 젊은 사람들이 산을 많이 찾는 것은 처음 본다. 예전에는 등산 다니는 사람 중에 40대면 가장 젊은 축에 속했다. 그런데 요즘은 20대가 절반 이상인 것 같다. 심지어 각 산의 정상마다 기념사진을 찍으려고 긴 줄이 생길 정도이다.

대한민국은 국토의 70% 이상이 산으로 이루어져 있다. 이 나라에서 등산은 운동할 수 있는 가장 좋은 방법 중의 하나이다. 특수 장비나 비용이 전혀 필요하지 않다. 또한 최근 지자체에서 산마다 초심자들도 쉽게 등산을 즐길 수 있도록 등산로를 잘 정비해 놓았다.

SPEECH PRACTICE

COVID-19 ruled out overseas travel for a few years. Even when we traveled domestically, we tried to steer clear of crowded tourist destinations. That's why hiking grew in popularity as a new trend.

Personally, I have been an avid hiker for over ten years. But I have never seen so many relatively young people in the mountains like these days. In the past, people in their 40s were among the youngest hikers. But these days, more than half of all hikers are 103 twenty-somethings. At the mountaintops, there are even long lines of people waiting for their turn to take a snapshot.

Over 70% of Korea's land consists of mountains. In this country, hiking is one of the best ways to get some exercise. It does not require any 104 specialized equipment or money at all. These days, local governments also fix up the hiking trails so that even 105 first-timers can easily enjoy the hiking experience.

KEY EXPRESSIONS

rule out 배제하다, 불가능하게 하다
overseas travel 해외여행
travel domestically 국내 여행을 하다
steer clear of 피하다
tourist destination 관광지
grow in popularity 인기를 끌다
avid hiker 등산 애호가
relatively young people 비교적 젊은 사람
twenty-something 20대의 사람
at the mountaintop 산 정상에
wait for one's turn 차례를 기다리다
take a snapshot 기념사진을 찍다
consist of mountains 산으로 이루어져 있다
get some exercise 운동하다
specialized equipment 특수 장비
fix up 정비하다, 꾸미다
first-timer 초심자

103 twenty-something 20대의 사람

These days more than half of all hikers are twenty-somethings.
요즘은 등산객들 중 20대가 절반 이상인 것 같다.

I did not want to go in because there were only twenty-somethings.
온통 20대들만 있어서 나는 들어가고 싶지 않았다.

I wish I had traveled more when I was a twenty-something.
나는 20대 때 여행을 더 다닐 걸 그랬어.

104 specialized equipment 특수 장비

You do not need any specialized equipment to go hiking.
등산을 갈 때 특수 장비가 필요하지는 않다.

I need some specialized equipment to fix this.
이걸 고치려면 특수 장비가 필요해.

You don't need any specialized equipment to take good pictures these days.
요즘은 별다른 특수 장비 없이도 훌륭한 사진을 찍을 수 있다.

105 first-timer 초심자, 초보자

Even first-timers can easily enjoy hiking.
초심자들도 쉽게 등산을 즐길 수 있다.

Even a first-timer can win if he or she is lucky.
초보자라도 운만 따라준다면 이길 수 있다.

Before you get angry, remember that he is a first-timer.
화를 내기 전에 그가 초보라는 사실을 잊지 마.

DIALOGUE PRACTICE

A When you **go for a hike** these days, aren't you seeing a lot more young people?

B That's right. It feels like the average age of hikers has become much younger.

A Do you think the coronavirus **was a factor**?

B Sure. People can't travel, so they **head over to** the mountains.

A Hiking is a **healthy activity**, so I guess it's a good thing.

A 요즘 등산 가면, 등산객 중에 젊은 사람들이 부쩍 늘지 않았어요?
B 맞아요. 예전에 비해 등산객이 많이 젊어진 느낌이에요.
A 코로나19 영향도 있겠죠?
B 그렇겠죠. 여행을 못 가니, 산으로 오는 거죠.
A 등산이 건강에도 참 좋은데, 긍정적인 현상이죠.

COMPOSITION PRACTICE

1 이 카페는 20대들에게 인기가 좋다. (twenty-something)

2 특수 장비가 많이 있어야 캠핑을 갈 수 있는 것은 아니다. (specialized equipment)

3 너 처음 해 보는 것 치고 실력이 결코 나쁘지 않아. (first-timer)

4 우리 이따 오후에는 공원에 가 보자. (head over to)

ANSWERS
1. This café is popular among **twenty-somethings**.
2. You don't need a lot of **specialized equipment** to go camping.
3. You're not bad at all for a **first-timer**.
4. Let's **head over to** the park later in the afternoon.

DAY
36

Cycling

자전거 타기

음원 36

Today's TOPIC

36th

지난 주말에 날씨가 포근해서 공원에 자전거를 타러 갔다. 요즘에 운동이 조금 부족한 듯해서, 운동을 조금 할까 해서 갔다. 큰 공원 전체를 한 바퀴 돌다 보니, 제법 땀도 나고 열량도 소모되었다. 이렇게 운동하고 나니 기분이 매우 상쾌했다.

우리나라에서 자전거를 타는 사람의 수는 꾸준히 증가하고 있다. 주변 공원에서 개인적으로 자전거를 타는 사람들도 있다. 그리고 자전거 동호회에 가입하여 함께 자전거를 타러 가는 사람도 많다. 이런 사람들을 위해 곳곳에 자전거 전용 도로가 많이 생겨서, 자전거를 탈 수 있는 환경이 점점 좋아지고 있다. 더불어, 자전거를 이용해서 출퇴근하는 사람들도 늘어나고 있다. 비용을 아낄 수 있고 운동도 할 수 있어서, 여러 가지 이점이 있다.

규칙적으로 자전거를 타면 건강을 유지하는 데 큰 도움이 된다. 자전거 타기는 큰 부담 없이 운동할 수 있는 정말 좋은 방법인 것 같다.

SPEECH PRACTICE

I went to the park to ride my bike last weekend because the weather was fine. I went to get some exercise because I haven't been active recently. I 106 worked up a sweat and burned some calories by riding around the entire park. After exercising this way, I 107 felt refreshed.

The number of cycling enthusiasts in Korea is steadily rising. Some people cycle alone at nearby parks. Others join common interest groups and go on cycling trips in groups. With many new cycling paths being laid all over the place, cycling is becoming more convenient. Lots of people commute by bicycle, too. They can save money and exercise while they are at it, so it's very beneficial.

Bicycling on a regular basis is a great way to maintain your health. I think biking is a great way to exercise without 108 going overboard.

KEY EXPRESSIONS

weather is fine 날씨가 좋다
get some exercise 운동하다
be active 활동적이다
work up a sweat 운동하다, 땀을 흘리다
burn calories 열량을 소모하다
feel refreshed 기분이 상쾌하다
cycling enthusiast 자전거 애호가
common interest group 동호회
cycling path 자전거 전용 도로
all over the place 곳곳에
commute by ~으로 출퇴근하다
while one is at it ~하는 김에
on a regular basis 규칙적으로
maintain one's health 건강을 유지하다
go overboard 무리하다, 과하게 하다

106 work up a sweat 운동하다, 땀을 흘리다

I worked up a sweat by riding my bicycle.
자전거를 타며 운동했다.

I was planning to work up a sweat, but I was too tired.
운동을 할 계획이었지만, 너무 피곤했다.

I usually take a shower right after I work up a sweat.
보통 땀을 흘리고 나면 곧바로 샤워해.

107 feel refreshed 기분이 상쾌하다

After exercising this way, I felt refreshed.
이렇게 운동하고 나니 기분이 매우 상쾌했다.

Taking walks can make you feel refreshed.
산책하면 기분이 상쾌해질 수 있다.

I feel refreshed when it rains.
비가 오면 기분이 상쾌하다.

108 go overboard 무리하다, 과하게 하다

Biking is a great way to exercise without going overboard.
자전거 타기는 큰 부담 없이 운동할 수 있는 정말 좋은 방법이다.

She always goes overboard with buying gifts.
그녀는 선물을 살 때 항상 무리한다.

I eat before I go grocery shopping, to avoid going overboard.
무리해서 과하게 사는 것을 방지하려고 장을 보러 가기 전에는 식사한다.

DIALOGUE PRACTICE

A What did you do last weekend? You look a little tanned.

B I got a new bicycle, so I went to the park for a bike ride.

A That sounds like it was fun.

B Yeah, the weather was so nice yesterday.

A I know. I think biking **is a great work-out**.

A 지난 주말에는 뭐 했어? 조금 탄 것 같네.
B 자전거를 새로 사서 공원에 타러 나갔어.
A 재미있었겠다.
B 응, 어제는 날씨도 정말 좋았어.
A 그렇더라. 자전거 타기는 정말 좋은 운동인 것 같아.

COMPOSITION PRACTICE

1 내일 날씨가 괜찮으면 소풍 가자. (weather is fine)

2 남자친구를 동호회에서 만났다. (common interest group)

3 간 김에 휴지도 좀 사 올 수 있어? (while one is at it)

4 그는 요리할 때마다 일을 과하게 벌린다. (go overboard)

ANSWERS
1. Let's go on a picnic, if the **weather is fine** tomorrow.
2. I met my boyfriend in a **common interest group**.
3. **While you are at it**, can you get some toilet paper?
4. He always **goes overboard** when he cooks.

DAY 37

Pilates

필라테스

음원 37

Today's TOPIC

37th

필라테스는 1900년대 초에 개발된 운동법이다. 현재는 이 운동을 정기적으로 하는 사람이 크게 늘었고, 요가와 함께 가장 보편적인 생활 운동으로 자리 잡았다. 우리나라에서도 대략 10년 전에 필라테스가 대중들에게 소개되었다.

대도시 주변을 둘러보면, 필라테스 강습소들을 매우 쉽게 찾아볼 수 있다. 온라인 검색을 해 봐도 주변에서 강습소를 여러 군데 발견할 수 있다. 대부분의 강습이 개인 레슨이나 소규모로 이루어지다 보니 강습료가 제법 비싼 편이다. 필라테스는 다양한 자세로 스트레칭을 반복적으로 하는 것이 주된 골자이다. 근력 강화에 도움이 되고, 자세 교정이나 몸의 균형을 잡는 데도 큰 도움이 된다. 특히 허리나 어깨 부위에 만성 통증이 있는 사람들에게 매우 좋다. 물론, 여느 운동과 마찬가지로, 필라테스도 꾸준히 주기적으로 해야 효과가 있다.

SPEECH PRACTICE

Pilates is a form of exercise invented in the early 1900s. The number of people who practice Pilates has snowballed, and it is now one of the most common kinds of lifestyle exercise, along with yoga. Pilates made its debut to the Korean public around 10 years ago.

In major cities, Pilates studios are 109 a dime a dozen. You can find lots of studios nearby with an online search. Since most classes are private lessons or held 110 in small groups, lesson fees don't come cheap. The central idea of Pilates is to stretch repeatedly in various poses. It helps improve muscular strength, and it's just what the doctor ordered for improving posture or balance. It's especially good for people with 111 chronic pain in their back or shoulders. As with any sport, Pilates is most effective if you keep at it on a regular basis.

KEY EXPRESSIONS

practice Pilates 필라테스를 하다
lifestyle exercise 생활 운동
make one's debut 소개되다
Pilates studios 필라테스 강습소, 스튜디오
a dime a dozen 매우 흔한
online search 인터넷 검색
private lesson 개인 레슨
in small groups 소수 인원으로
lesson fee 수업료
not come cheap 비싸다
central idea 골자, 요지
muscular strength 근력
just what the doctor ordered 딱 적절한 것
improve posture 자세를 교정하다
chronic pain 만성 통증
keep at it 꾸준히 하다
on a regular basis 주기적으로

109 a dime a dozen 매우 흔한

In major cities, Pilates studios are a dime a dozen.
대도시 주변을 둘러보면, 필라테스 강습소들을 매우 쉽게 찾아볼 수 있다.

This style was rare, but now it's a dime a dozen.
예전에는 이 스타일이 흔하지 않았는데, 이제는 아주 흔하다.

Coffee shops in this city are a dime a dozen.
이 도시에는 커피숍이 아주 많다.

110 in small groups 소수 인원으로

Most classes are private lessons or held in small groups.
대부분의 강습이 개인 레슨이나 소규모로 이루어진다.

We gathered in small groups to study.
우리는 소모임을 형성해 공부했다.

Most of the fans arrived in small groups.
팬들이 대부분 삼삼오오 모여서 도착했다.

111 chronic pain 만성 통증

It's especially good for people with chronic pain in their back or shoulders.
특히 허리나 어깨 부위에 만성 통증이 있는 사람들에게 매우 좋다.

I take medication for chronic pain in my joints.
만성 관절 통증 때문에 약을 복용한다.

I developed chronic pain as I grew older.
나이가 들면서 만성 통증이 생겼다.

DIALOGUE PRACTICE

A Are you busy tonight? Do you want to go out and get some drinks?

B No thanks. I have a Pilates lesson. Is it strange to exercise on a Friday night?

A **Whatever floats your boat**. A lot of my friends do Pilates, and they all love it.

B It's great. I feel much healthier.

A You seem to have lost some weight.

A 오늘 밤 바쁘니? 나가서 술이나 한잔할까?
B 사양할게. 필라테스 레슨이 있거든. 금요일 밤에 운동하는 것이 좀 이상한가?
A 너만 좋으면 됐지, 뭐. 필라테스하는 친구가 여럿 있는데, 다들 엄청 좋아하더라.
B 진짜 좋아. 훨씬 건강해진 느낌이야.
A 너 살도 좀 빠진 것 같아.

COMPOSITION PRACTICE

1 예전에는 만화 카페가 아주 많았는데, 이제는 그리 흔치 않다. (a dime a dozen)

2 그 나라에서는 약값이 비싸. (not come cheap)

3 뜨거운 커피가 딱 좋았다. (just what the doctor ordered)

4 나는 자세가 안 좋아서 목에 만성 통증이 있다. (chronic pain)

ANSWERS
1. Comic book cafes were **a dime a dozen**, but they're not as common now.
2. Medicine does **not come cheap** in that country.
3. The hot coffee was **just what the doctor ordered**.
4. I have **chronic pain** in my neck because of bad posture.

DAY 38

Yoga

요가

음원 38

Today's TOPIC

38th

나는 요가를 수련한 지 5년 정도 되었다. 요가를 처음 배웠을 때, 나는 가장 기초적이고 간단한 다리 스트레칭조차 되지 않았었다. 매 수업이 고통의 시간이었다. 그래도 포기하지 않았다. 끊임없이 마음을 다잡으며 꾸준히 연습하며 노력해 왔다. 그 결과, 구부정했던 상체가 많이 펴졌다. 코어 근육이 강해졌으며, 다이어트에도 성공했다.

요가는 나의 정신적인 건강 회복에도 도움을 주었다. 그것은 요가 명상을 통해 가능했다. 잔잔한 인도 요가 명상 음악을 틀어 놓고 온전히 나와 만나는 시간을 갖는 것은 값진 경험이었다. 요가를 통한 내면의 평화는 일상의 선물이 되었다.

나는 서른 살에 요가 지도자 자격증을 취득했다. 지금 하고 있는 일도 감사하고 만족스럽지만, 훗날 나이가 들어서 요가를 가르치며 투잡을 뛰고 싶다.

SPEECH PRACTICE

I have been practicing yoga for about five years. When I first got into it, I couldn't even do the most basic, simple leg stretches. I was in agony during every class. Still, I didn't 112 call it quits. I constantly braced myself and continued to practice hard. I straightened up my upper body as a result, fixing my hunched over posture. I also strengthened my core and successfully lost weight.

Yoga also helped me recover my mental health. I achieved this through yoga meditation. Turning on soothing Indian yoga meditation music and 113 taking time for introspection was a valuable experience. Inner peace through yoga has become a 114 gift that keeps on giving.

At the age of thirty, I became certified as a yoga instructor. I am grateful for my current job and my job satisfaction is high, but someday I would like to have a side job teaching yoga.

KEY EXPRESSIONS

practice yoga 요가를 하다, 수련하다
get into something ~에 입문하다
be in agony 고통스러워하다
call it quits 포기하다
brace oneself 마음을 다잡다
upper body 상체
hunched over 구부린, 구부정한
strengthen one's core 코어 근육을 키우다
lose weight 살을 빼다
recover one's mental health
정신 건강을 회복하다
take time for introspection
스스로 돌이켜 볼 시간을 갖다
a valuable experience 값진 경험
inner peace 내면의 평화
gift that keeps on giving
계속해서 유익한 것
become certified as ~ 자격증을 취득하다
job satisfaction 업무 만족도
have a side job 부수입이 있다

112 call it quits 포기하다

Yoga was difficult at first, but I didn't call it quits.
요가가 처음에는 힘들었지만, 그래도 포기하지 않았다.

I was so frustrated that I wanted to call it quits.
나는 너무 답답해서 포기하고 싶었다.

It got dark, so we decided to call it quits.
날이 어두워져서 우리는 그만두기로 했다.

113 take time for introspection
스스로 돌이켜 볼 시간을 갖다

Taking time for introspection was a valuable experience.
온전히 나와 만나는 시간을 갖는 것은 값진 경험이었다.

People should take time for introspection, no matter how busy they are.
사람들은 아무리 바빠도 스스로 돌이켜 볼 시간을 가질 필요가 있다.

I meditate and take time for introspection every evening.
나는 매일 밤 명상을 하고 스스로 돌이켜 보는 시간을 갖는다.

114 gift that keeps on giving 계속해서 유익한 것

Inner peace through yoga has become a gift that keeps on giving.
요가를 통한 내면의 평화는 일상의 선물이 되었다.

The gym membership became a gift that keeps on giving.
헬스장 회원권이 계속해서 유익한 선물이 되었다.

This movie is a gift that keeps on giving.
이 영화는 아무리 여러 번 봐도 매번 재미있다.

DIALOGUE PRACTICE

A You're very **gung-ho about** yoga, aren't you?

B Yes, I've been practicing it for about 3 years.

A Really? You must really **have it down** by now.

B Not really. You need to practice yoga for 10 years to have **something to shout about**.

A Oh, I see.

A 요가 열심히 하시죠?
B 네. 한 3년 정도 된 것 같아요.
A 그래요? 완전 전문가이시겠어요!
B 아니에요. 요가는 최소 10년은 수련해야 명함을 내밀 수 있어요.
A 아. 그렇군요.

COMPOSITION PRACTICE

1 그만두기 전에 딱 한 번만 더 해 봐. (call it quits)

2 스스로 돌이켜 보는 시간을 가지면 정신 건강에 도움이 된다. (take time for introspection)

3 그 노래는 가수에게 두고두고 득이 되고 있다. (gift that keeps on giving)

4 아내는 채식주의를 매우 강조한다. (gung-ho about)

ANSWERS
1. Before you **call it quits**, try it just one more time.
2. You can improve your mental health by **taking time for introspection**.
3. The song is a **gift that keeps on giving** for that singer.
4. My wife is **gung-ho about** vegetarianism.

DAY
39

Swimming

수영

음원 39

Today's TOPIC

39th

수영은 대표적인 실내 스포츠이다. 수영장과 간단한 장비만 있어도 강습을 받을 수 있다. 강습생들은 수영을 처음 배우는 사람에서부터 경력이 10년 이상에 이르기까지 다양하다. 주로 자유형, 평영, 배영, 접영 등의 모든 영법을 다 배운다. 보통 수영을 처음 시작하면 쓰지 않던 근육과 관절을 사용하게 되어, 통증을 느끼는 경우가 있다. 따라서 미리 충분한 스트레칭을 통해 준비운동을 하고 수영을 하는 것이 중요하다.

여느 다른 스포츠와 마찬가지로, 강습을 받는 어린이가 많다. 물에 대한 두려움을 없애기 때문이다. 또한 어렸을 때 물에 대한 감각을 익혀 놓는 것도 좋다. 일부 유아들은 수영 대회를 준비하는 경우도 있다. 대회를 통해 유망주가 발굴되고, 우리나라 수영계의 희망으로 성장하기도 한다.

SPEECH PRACTICE

Swimming is a major indoor sport. A swimming pool and some simple equipment are all you need to receive lessons. There are students of all skill levels, from people 115 dipping their toes for the first time to seasoned veterans with more than 10 years of experience. In most cases, people learn all the major swimming strokes: freestyle, breaststroke, backstroke and butterfly. When people first 116 take up swimming, they might experience pain because they are using muscles and joints that usually don't get much action. That's why it's important to 117 warm up by stretching in advance.

Like other sports, there are lots of kids among the students. It helps them overcome their fear of water. Plus, it's best to develop a feel for the water at an early age. Some children train for swim meets. Top prospects are discovered at the competitions, and they may become rising stars of Korean swimming.

KEY EXPRESSIONS

indoor sport 실내 운동
all one needs 필요한 전부
all skill levels 모든 실력 수준
dip one's toes (처음으로) 경험해 보다
seasoned veteran 노련한 경험자
swimming strokes 영법
freestyle/breaststroke/backstroke/butterfly 자유형/평영/배영/접영
take up 배우다, 시작하다
get action 사용되다, 행동에 관여되다
warm up 몸을 풀다
overcome one's fear of ~에 대한 공포증을 극복하다
develop a feel for ~에 대한 감각을 익히다
swim meet 수영 대회
top prospect 유망주
rising star 떠오르는 스타

PATTERN
PRACTICE

115 dip one's toes (처음으로) 경험해 보다

There are students dipping their toes for the first time.
수영을 처음 배우는 학생들이 있다.

I dipped my toes in golf before, but I didn't like it.
예전에 골프를 조금 쳐 봤는데, 별로 재미없었다.

I decided to dip my toes in stock investments.
주식 투자를 해 보기로 결정했다.

116 take up 배우다, 시작하다

People might experience pain when they first take up swimming.
수영을 처음 시작하면 통증을 느끼는 경우가 있다.

I took up jogging to lose weight.
살을 빼기 위해 조깅을 시작했다.

She took up English lessons in her old age.
그녀는 노년에 영어 수업을 듣기 시작했다.

117 warm up 몸을 풀다

It's important to warm up by stretching in advance.
미리 충분한 스트레칭을 통해 준비 운동을 하는 것이 중요하다.

I got a cramp in my leg because I didn't warm up.
몸을 풀지 않아서 다리에 쥐가 났다.

Warming up is especially important in the winter.
겨울에는 몸을 푸는 것이 특히 더 중요하다.

DIALOGUE PRACTICE

A Didn't you start your swimming lessons today? How was it?

B It was a lot of fun, but I'm so tired. **I feel sluggish**.

A After a while, you'll feel sluggish when you don't swim.

B I hope so. I can't keep swimming if it gets in the way of my work.

A Don't worry. You'll be alright.

A 오늘 수영 강습 시작하지 않았어? 어땠어?
B 아주 재미있었는데, 너무 피곤해. 몸이 무거워.
A 조금 지나면 오히려 수영을 안 하면 몸이 무겁게 느껴질 걸.
B 그러길 바라야지. 업무에 지장이 생긴다면 계속할 수도 없는 노릇이니까.
A 걱정 마. 곧 적응할 거야.

COMPOSITION PRACTICE

1 구입하고 싶지 않으면 대여를 하는 것도 체험해 볼 수 있는 좋은 방법이다. (dip one's toes)

2 피아노 레슨을 받아보고 싶은데, 시간이 없어. (take up)

3 나이가 들면서 몸을 푸는 데 시간을 더 많이 할애한다. (warm up)

4 운전에 대한 감각을 익히는 데 1년 정도 걸렸다. (develop a feel for)

ANSWERS
1. If you don't want to buy one, renting is a good way to **dip your toes**.
2. I want to **take up** piano lessons, but I don't have time.
3. As I get older, I spend more time **warming up**.
4. It took about a year to **develop a feel for** driving.

DAY
40

10,000 Steps Per Day

하루 만 보 걷기

음원 40

Today's TOPIC

40th

주변에 스마트워치를 가지고 매일 몇 걸음을 걸었는지 확인하는 사람이 많다. 그 모습이 좋아 보여서 나도 스마트워치를 하나 구입했다. 스마트워치는 걸음 수, 심박수, 수면 습관 등을 기록할 수 있다. 우선, 내가 보통 몇 걸음을 걷는지 확인해 보았다. 보통 출퇴근만 하면 하루 5,000보 정도 걸었다. 주말에는 빈둥거리는 것을 좋아해서, 집에만 있으면 하루 1,000보도 걷지 않았다.

목표 걸음 수를 10,000보로 설정하고, 하루 만 보 걷기를 시작했다. 밖에서 만 보를 걷지 않았을 때에는, 집에 와서 실내 자전거를 타면서 만 보를 채우려고 했다. 매일 기록을 깨지 않기 위해 자정이 되기 전까지 만 보를 채우려고 실내 자전거를 탔다. 한 1년 넘게 하루 만 보 걷기를 했더니 살이 많이 빠졌다. 이제는 훨씬 건강해진 것 같다. 앞으로도 꾸준히 할 생각이다.

SPEECH PRACTICE

A lot of people I know use a smartwatch to 118 keep track of how many steps they have taken each day. It looked appealing, so I got a smartwatch for myself. I can use it to record how many steps I've taken, my heart rate, and my sleep patterns. First, I checked how many steps I usually take. If I only went to and from work, I walked about 5,000 steps per day. I like to 119 veg out on weekends, so I walked fewer than 1,000 steps per day if I stayed at home.

I set my goal at 10,000 steps per day, and got to it. When I didn't 120 get my steps in outside, I tried to reach my goal by riding a stationary bike at home. I rode it until close to midnight, just to keep my record going. Having walked 10,000 steps daily for over a year, I have lost a lot of weight. I feel much more fit now. I plan to keep at it in the future.

KEY EXPRESSIONS

keep track of ~을 기록하다, 관리하다
look appealing 좋아 보인다, 매력적으로 보인다
heart rate 심장 박동 수
sleep patterns 수면 습관
go to and from work 출퇴근하다
veg out 빈둥거리다, 멍 때리다
set one's goal at ~에 목표치를 설정하다
get to it 착수하다, 시작하다
get one's steps in 목표한 발걸음 수를 채우다
stationary bike 실내 운동용 자전거
keep a record going 기록을 유지하다
lose a lot of weight 살을 많이 빼다
fit 건강한
keep at it 지속하다

PATTERN
PRACTICE

118 keep track of ~을 기록하다, 관리하다

A lot of people I know keep track of how many steps they have taken each day.

주변에 매일 몇 걸음을 걸었는지 확인하는 사람이 많다.

She keeps track of stock prices all day.

그녀는 하루 종일 주가 동향을 살핀다.

I use an app to keep track of my weight.

나는 앱을 사용해 체중을 관리한다.

119 veg out 빈둥거리다, 멍 때리다

I like to veg out on weekends.

주말에는 빈둥거리는 것을 좋아한다.

I was so tired that I only wanted to veg out.

나는 너무 피곤해서 아무것도 하고 싶지 않았다.

I should work out tonight, instead of vegging out again.

오늘 밤도 또 빈둥거릴 것이 아니라 운동을 꼭 해야겠어.

120 get one's steps in 목표한 발걸음 수를 채우다

Sometimes, I couldn't get my steps in outside.

밖에서 목표한 걸음 수를 걷지 못할 때도 있었다.

I have to walk home from work to get my steps in.

목표한 발걸음 수를 채우려면 걸어서 퇴근해야 한다.

I wasn't able to get my steps in during my business trip.

출장 중에는 목표한 발걸음 수를 채우지 못했다.

DIALOGUE PRACTICE

A **Take a look at** this **wearable device** I just bought.

B Is that a smart watch?

A Yes, That's right! I use it to **check and see** whether I've **gotten in my 10,000 steps** every day.

B I see! Is it helpful?

A Of course! It **spurs me on** to **achieve my goal** each day.

A 제가 이번에 산 웨어러블 기기 좀 보세요.
B 그거 스마트워치예요?
A 네, 맞아요! 하루에 만 보를 걸었는지 매일 이것으로 확인해요.
B 그렇군요! 도움이 되나요?
A 그럼요! 기록을 달성하기 위해 매일 노력하게 돼요.

COMPOSITION PRACTICE

1 시험이 끝나면 한동안은 그냥 빈둥대면서 지내고 싶어. (veg out)

2 저녁을 먹기 전에 목표한 만큼 걷지 못하면 불안해진다. (get one's steps in)

3 나는 여러 비밀번호가 관리가 안 돼. (keep track of)

4 나는 휴대폰으로 날씨가 어떤지 확인한다. (check and see)

ANSWERS
1. After the test, I just want to **veg out** for a while.
2. I feel nervous if I don't **get my steps in** before dinner.
3. I can't **keep track of** all my passwords.
4. I use my phone to **check and see** what the weather will be like.

CHAPTER 4

SPECIAL HOBBIES

특별 취미

DAY 41
Companion Animals
반려동물

DAY 42
Raising Fish at Home
물고기 기르기

DAY 43
Raising Plants
화분 기르기

DAY 44
Manicure and Pedicure
네일 아트

DAY 45
Musicals
뮤지컬

DAY 46
Art Classes
미술 학원

DAY 47
Calligraphy
캘리그래피

DAY 48
Reselling Culture
리셀 문화

DAY 49
TED (Technology, Entertainment, Design)
테드 강연 듣기

DAY 50
Making Friends Overseas
해외 친구 사귀기

RELATED QUESTIONS

주제별 스피치 향상을 위한 질문 모음

Try to answer the questions based on each topic.

DAY 41 TOPIC 반려동물

1 Why do you think more people live with companion animals these days?
2 What are some odd companion animals you have seen?
3 What is your ideal companion animal? Why does that animal appeal to you?

DAY 42 TOPIC 물고기 기르기

1 How are fish different from other pets like dogs or cats?
2 Describe the most unusual pet you have ever seen.
3 Think of some good names for pet fish. Why did you choose those names?

DAY 43 TOPIC 화분 기르기

1 Share some tips for effectively raising plants.
2 Why do you think some people are better at raising plants than others?
3 Do you keep any plants at home, or at your office? Why or why not?

DAY 44 TOPIC 네일 아트

1 How often do you get a manicure or pedicure? How do you decide when to get one?
2 Why do you think more men are getting manicures these days?
3 Do you prefer getting your nails done, or doing them yourself?

DAY 45 TOPIC 뮤지컬

1 Do you go to watch musicals? Why or why not?
2 Describe a time when you went to see a musical.
3 How are stage musicals different from musical films?

DAY 46 TOPIC 미술 학원

1. Are you a good artist? Why or why not?
2. Describe a painting that you thought was impressive. What did you like about it?
3. What is a hobby you would like to learn more about? Why does it interest you?

DAY 47 TOPIC 캘리그래피

1. How is calligraphy different from ordinary writing?
2. Do you have good handwriting or not?
3. With computers used so widely, is good handwriting still important? Why or why not?

DAY 48 TOPIC 리셀 문화

1. Describe something you have re-sold or purchased second-hand.
2. Why do some people disapprove of reselling culture?
3. Do you think reselling things is a good investment strategy? Why or why not?

DAY 49 TOPIC 테드 강연 듣기

1. If you gave a TED talk, what would it be about?
2. Describe a memorable TED talk you've seen. What did you learn from it?
3. Would you recommend TED talks to other people? Why or why not?

DAY 50 TOPIC 해외 친구 사귀기

1. Share some tips for starting conversations with strangers.
2. What are some topics you would like to talk about with friends overseas?
3. Describe how having friends overseas can help you improve your English.

DAY 41

Companion Animals

반려동물

음원 41

Today's TOPIC

41th

요즘은 산책하러 밖에 나가면, 참 많은 사람이 강아지를 데리고 나오는 것을 볼 수 있다. 나는 고양이를 키우고 있는데, 이렇게 동물과 함께 산책을 할 수 있다는 것이 부러운 측면도 있다. 그 밖에도 앵무새를 데리고 산책 나온 사람들을 몇 번 본 적이 있다. 그리고 인터넷에서 미어캣을 키우는 분의 영상을 본 적도 있다. 집에서 직접 부화시킨 닭을 키우는 영상을 본 기억도 있다.

이처럼 요즘 반려동물을 키우는 인구가 많이 늘었고, 반려동물의 종류도 더 다양해졌다. 현대 사회는 매우 삭막하다. 어쩌면 사람들이 교감을 하고 애정을 쏟는 대상이 필요해서일지도 모른다. 그러나 반려동물을 키우려면 끝까지 키우겠다는 강한 책임감이 필요하다. 이것은 반려동물을 키우기 전 꼭 고려해야 한다. 늘어나는 유기 동물의 수가 또 다른 문제가 되고 있다.

SPEECH PRACTICE

These days, when I go for a walk, I see a lot of people 121 walking their dogs. I have a cat, so I am jealous of people who can walk with their companion animals. I've also seen people taking walks with parrots on a few occasions. I've even seen videos online of a person with a pet meerkat. I also remember videos of a person who hatched an egg and kept the chicken as a pet.

More and more people are raising companion animals, and there is 122 a wider variety of animals people have as pets. Modern society often feels cold-hearted. Perhaps people need something or someone to dote on. But raising a companion animal requires 123 a strong sense of responsibility, to keep it to the very end. It's important to consider this beforehand. The rising number of abandoned pets has become a major problem in recent years.

KEY EXPRESSIONS

go for a walk 산책하다
walk one's dog 반려견을 산책시키다
be jealous of ~가 부럽다
on a few occasions 몇 차례
pet meerkat 반려 미어캣
hatch an egg 알을 부화시키다
companion animal 반려동물
a wide variety of 다양한, 다채로운
cold-hearted 삭막한, 냉담한
dote on 애정을 쏟다
raise a companion animal 애완동물을 키우다
a sense of responsibility 책임감
to the very end 가장 끝까지
abandoned pet 유기 동물
in recent years 최근 몇 년 사이에

121 walk one's dog 반려견을 산책시키다

I see a lot of people walking their dogs.
강아지를 데리고 산책하는 사람을 많이 볼 수 있다.

I lost a lot of weight by walking my dog every day.
나는 매일 반려견을 산책시키면서 살을 많이 뺐다.

These days, you can hire someone to walk your dog for you.
요즘은 반려견을 대신 산책시켜주는 사람을 고용할 수도 있다.

122 a wide variety of 다양한, 다채로운

There is a wider variety of animals people have as pets.
사람들이 키우는 애완동물의 종류가 더 다양해졌다.

A wide variety of activities were offered at the resort.
리조트에서 다양한 활동을 제공했다.

I am interested in a wide variety of topics.
나는 다양한 주제에 대해 관심을 갖고 있다.

123 a sense of responsibility 책임감

Raising a pet requires a strong sense of responsibility.
반려동물을 키우려면 강한 책임감이 필요하다.

I didn't want to do it, but I did it out of a sense of responsibility.
나는 하고 싶지 않았지만, 책임감을 느껴 결국 했다.

My sense of responsibility has grown, thanks to my son.
아들 덕분에 나는 책임감이 더욱 강해졌다.

DIALOGUE PRACTICE

A I **am in a dilemma** because my son wants a pet dog.

B Get one for him. It's good for a child's **emotional growth**.

A I know that, of course.

B But I suppose you **don't feel up to** having a dog.

A That's right.

A 아들이 강아지를 키우고 싶다고 해서 고민이야.
B 분양해. 아이들 정서에 좋아.
A 그것을 모르는 바 아니지.
B 그런데 강아지를 키울 엄두가 안 나서 그러는구나?
A 맞아.

COMPOSITION PRACTICE

1 나는 강아지 산책을 시키려고 일찍 일어났다. (walk one's dog)

2 나는 다양한 장르의 음악을 즐겨 듣는다. (a wide variety of)

3 난 재능보다 책임감이 더 중요하다고 생각해. (a sense of responsibility)

4 내가 직접 발표할 엄두가 안 난다. (don't feel up to)

ANSWERS
1. I woke up early to **walk my dog**.
2. I enjoy **a wide variety of** music genres.
3. I think **a sense of responsibility** is more important than talent.
4. I **don't feel up to** giving the presentation myself.

DAY
42

Raising Fish at Home

물고기 기르기

음원 42

Today's TOPIC

42th

얼마 전, 코로나19로 집에 있는 시간이 많아지면서 반려동물을 키우고 싶었다. 그런데 강아지나 고양이는 키울 엄두가 나지 않았다. 그래서 우리 가족은 물고기를 선택했다.

물고기는 적절한 환경만 제공해 주면 크게 신경 쓸 필요가 없다. 다양한 색의 물고기들이 헤엄치는 모습을 보고 있으면 대리 만족을 느낀다. 그 모습을 계속 보고 있으면 시간 가는 줄 모를 때도 있다. 먹이를 줄 때 기뻐하는 모습을 보면 너무 귀엽기도 하다.

어항의 물을 주기적으로 바꿔 주기는 해야 한다. 물은 하루 이틀 받아 놓은 수돗물을 사용한다. 이 물과 기존의 어항 물을 온도를 맞춰가며 적절히 섞어야 한다. 물고기들이 알을 낳을 경우, 다른 성어에 새끼 물고기들이 잡아 먹히지 않도록 분리해 주는 것이 좋다.

SPEECH PRACTICE

A while back, I wanted to raise a pet because I was spending so much time at home due to COVID-19. But I didn't 124 **have the guts to** raise a dog or a cat. So, my family settled on fish, instead.

Fish are pretty low-maintenance, as long as you provide them with a 125 **suitable environment**. I get vicarious satisfaction from watching the colorful fish swimming around. Sometimes, I 126 **don't know where the time goes** as I watch them. They act happy when I feed them, and it's really cute.

I do have to replace the water in the fish tank on a regular basis. I use tap water that has rested for a day or two. I need to mix the water with the water in the tank to match the temperature. When the fish lay eggs, it's best to separate them to prevent the bigger fish from eating the baby fish.

KEY EXPRESSIONS

raise a pet 반려동물을 기르다
have the guts to 엄두를 내다, 용기를 갖다
settle on 결정하다, 고르다
low-maintenance 손이 많이 가지 않는
provide someone with ~에게 …을 제공하다
suitable environment 적절한 환경
get vicarious satisfaction 대리 만족을 느끼다
swim around 헤엄쳐 다니다
don't know where the time goes 시간 가는 줄 모르다
fish tank 어항
on a regular basis 주기적으로
tap water 수돗물
match the temperature 온도를 맞추다

124 have the guts to 엄두를 내다, 용기를 갖다

I didn't have the guts to raise a dog or a cat.
강아지나 고양이는 키울 엄두가 나지 않았다.

I didn't have the guts to tell her the truth.
도저히 그녀에게 말할 엄두가 안 났다.

She was the only person who had the guts to do it.
한번 해 볼 용기를 가진 사람이 그녀밖에 없었다.

125 suitable environment 적절한 환경

Fish need a suitable environment to live in.
물고기는 생활할 수 있는 적절한 환경이 필요하다.

It's not a suitable environment for kids.
아이들이 있기에 적합한 환경은 아니다.

I can't study unless I am in a suitable environment.
나는 적절한 환경에 있지 않으면 공부가 잘 안된다.

126 don't know where the time goes
시간 가는 줄 모르다

Sometimes, I don't know where the time goes as I watch them.
그 모습을 계속 보고 있으면 시간 가는 줄 모를 때도 있다.

I don't know where the time goes when I am with you.
나는 너와 함께 있으면 시간 가는 줄 모르겠어.

I don't know where the time goes when I am studying English.
영어 공부를 하다 보면 시간 가는 줄 모르겠다.

DIALOGUE PRACTICE

A Try raising a pet at home. The kids **get a kick out of** it.

B I **am allergic to** animal fur.

A Then why not try raising fish with your kids?

B Oh, you mean I should get a fish tank?

A Yes. We have pet fish at our house. It's wonderful.

A 집에서 동물 키워보세요. 아이들이 정말 좋아해요.
B 제가 동물 털 알레르기가 있어요.
A 그럼 아이들과 물고기를 길러 보시면 어때요?
B 아, 어항을 하나 사라는 말이군요.
A 네. 저희도 물고기 키우거든요. 너무 좋아요.

COMPOSITION PRACTICE

1 나는 혼자서 여행을 다닐 엄두가 나지 않았다. (have the guts to)

2 그 음식점은 아이들을 데리고 가기에는 적절하지 않다. (suitable environment)

3 파티가 너무 재미있어서 나는 시간 가는 줄도 몰랐다. (don't know where the time goes)

4 나는 꽃가루 알레르기가 있다. (be allergic to)

ANSWERS
1. I didn't **have the guts to** travel alone.
2. The restaurant is not a **suitable environment** for children.
3. The party was so fun that I **didn't know where the time went**.
4. I **am allergic to** pollen.

DAY 43

Raising Plants

음원 43

화분 기르기

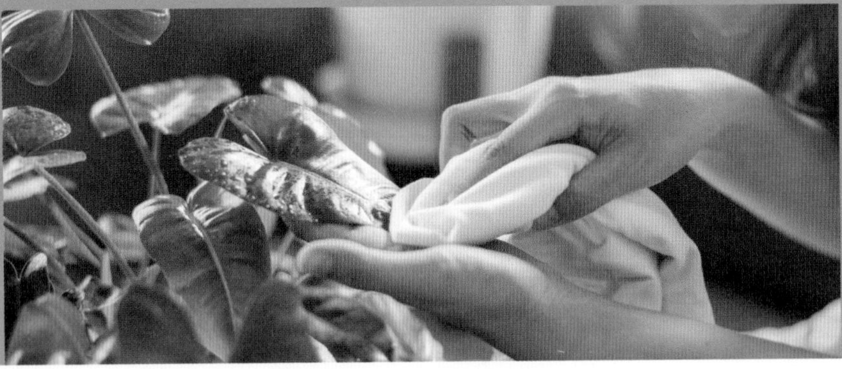

Today's TOPIC

43th

우연히 작은 화분 하나를 선물 받았습니다. 그렇게 평생 처음으로 식물을 키우게 되었습니다. 한 번도 키워 본 적이 없어서, 죽을까 봐 걱정되었습니다.

다행히 선물 받은 식물은 크게 신경 써야 하는 화분이 아니었습니다. 햇빛만 잘 보고 물만 정기적으로 주면 되는 것이었습니다. 그런데 왠지 화분 하나만 있는 것이 허전해서, 화원에 가서 몇 개 더 사 왔습니다.

매주 주말에 나뭇잎을 닦아주고 푸릇푸릇한 잎을 보며, 왠지 마음이 편안해지는 것을 느꼈습니다. 그러던 어느 날, 새순이 돋은 것을 보고 너무 신기했습니다. 작은 화분이 크는 것을 보면서, 왠지 모르게 흐뭇한 느낌이 듭니다. 꼭 집어 말할 수는 없지만 정말 자식 같다는 생각이 듭니다.

SPEECH PRACTICE

I happened to receive a small potted plant as a gift. That's how I first started raising a plant. I had no prior experience, so I was worried that it might die.

Thankfully, the plant I received was not a 127 **high-maintenance** plant. It just had to get plenty of sun, and I had to water it regularly. But something felt amiss with just one plant, so I went to a flower shop and bought a few more.

Each weekend, as I wiped down the leaves and saw how green they were, I felt at ease. Then one day, I 128 **was held spellbound** when I saw new buds emerging. Watching the small potted plants grow, I get 129 **a sense of gratification**. I can't put my finger on it, but it's almost like raising children.

KEY EXPRESSIONS

happen to 우연히 ~하다
potted plant 화분
raise a plant 식물을 기르다
have no prior experience
사전 경험이 없다
high-maintenance
손이 많이 가는, 신경을 많이 써야 하는
get plenty of sun 햇볕을 충분히 쬐다
water it regularly 물을 규칙적으로 주다
feel amiss 허전하다, 잘못된 것 같다
flower shop 화원
wipe down (헝겊 등으로) 닦아 내다
feel at ease 마음이 편안하다
be held spellbound
신기해하다, 넋을 잃고 바라보다
new bud 새싹, 새순
a sense of gratification 흐뭇함, 뿌듯함
can't put one's finger on it
정확히 짚기는 어렵다
raise children 자식을 기르다

PATTERN
PRACTICE

127 high-maintenance 손이 많이 가는, 신경을 많이 써야 하는

The plant I received was not a high-maintenance plant.

선물 받은 식물은 크게 신경 써야 하는 화분이 아니었습니다

It's a high-maintenance type of job.

그것은 손이 많이 가는 종류의 일이다.

My husband is very high-maintenance.

우리 남편은 신경을 많이 써 줘야 하는 스타일이야.

128 be held spellbound 신기해하다, 넋을 잃고 바라보다

I was held spellbound when I saw new buds emerging.

새순이 돋은 것을 보고 너무 신기했습니다.

When I first saw the ocean as a kid, I was held spellbound.

어렸을 때 처음으로 바다를 봤을 때, 상당히 신기했다.

The audience was held spellbound by the performance.

관객들은 넋을 잃고 공연을 관람했다.

129 a sense of gratification 흐뭇함, 뿌듯함

Watching the small potted plants grow, I get a sense of gratification.

작은 화분이 크는 것을 보면서, 왠지 모르게 흐뭇한 느낌이 듭니다.

I get a sense of gratification after I work out.

나는 운동을 하고 나면 뿌듯함이 느껴진다.

As a parent, I feel a sense of gratification when my son thanks me.

아들이 내게 감사하다고 인사하면, 부모로서 흐뭇해진다.

DIALOGUE PRACTICE

A Do you keep **potted plants** at home?

B Of course! We have **a mess of** them **all over our home**.

A I just have a few on the balcony.

B If you raise plants, they start to feel like your **own flesh and blood**.

A That's right. I **shower affection on** them every day.

A 집에서 화분 키워요?
B 그럼요! 집안 구석구석에 화분 많아요.
A 저는 베란다에서 몇 개 길러요.
B 식물을 키우다 보면 가족처럼 느껴져요.
A 맞아요. 매일 정성을 들이게 돼요.

COMPOSITION PRACTICE

1 **그녀는 신경을 많이 써 줘야 하지만, 그래도 나와 가장 절친한 친구이다. (high-maintenance)**

2 **내가 그걸 처음으로 봤을 때는 정말 신기하다고 생각했어. (be held spellbound)**

3 **나는 너무나 피곤해서 뿌듯한 느낌조차 들지 않았다. (a sense of gratification)**

4 **나는 친구들을 위해 파스타를 잔뜩 만들었다. (a mess of)**

ANSWERS
1. She is **high-maintenance**, but she is still my best friend.
2. I **was held spellbound** when I first saw it.
3. I was so tired that I barely felt **a sense of gratification**.
4. I cooked **a mess of** pasta for my friends.

DAY 44

Manicure and Pedicure

음원 44

네일 아트

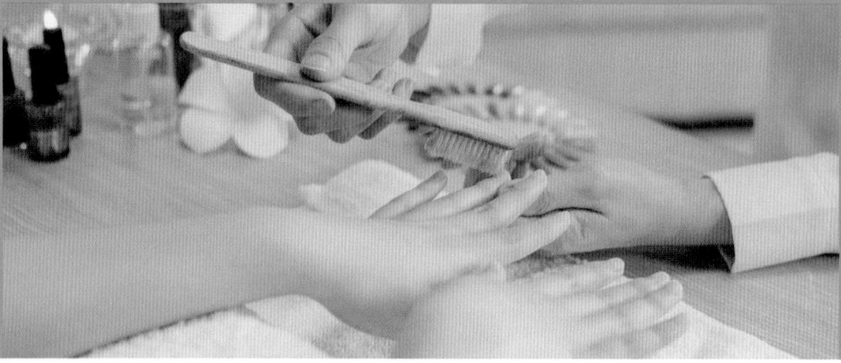

Today's TOPIC

44th

한동안 시간이 없어서 네일 관리를 못 받았다. 손톱이 제법 지저분했다. 그러다가 마침 주말에 시간이 생겨서, 네일 관리를 받으러 갔다. 간 김에 손톱과 발톱 모두 관리를 받기 위해서 예약했다. 손에 수분을 공급하는 관리도 추가로 받았다. 받고 나니 손이 부드러워져서 좋았다. 발에 있는 각질도 모두 제거하고, 발톱도 관리 받았다. 비용이 제법 나왔고 시간도 꽤 오래 걸렸지만, 그래도 관리를 받고 나니 정말 기분이 좋았다.

한국에는 네일숍이 정말 많다. 동네마다 이런 네일숍이 없는 곳이 없을 정도이다. 그만큼 사람들이 네일 관리를 즐겨 받는다는 말이 된다. 여성들에게 네일 아트는 자신을 표출하는 방법이 되었다. 또한 기분 전환을 할 수 있는 좋은 방법이다.

SPEECH PRACTICE

For a while, I didn't have any spare time to get my nails done. They were pretty messy. But then, I 130 had an opening during the weekend, so I went to get a manicure. I made a reservation to get a mani-pedi while I was there. I also received a treatment to moisturize my hands. My hands felt silky-soft afterwards. I had dead skin removed from my feet, and had my toenails trimmed. It cost a pretty penny and took a long time, but I was on cloud nine after the treatment.

There is no lack of nail salons in Korea. There seems to be at least one in every neighborhood. It shows that people enjoy 131 getting their nails done. For women, nail art has become a way to express oneself. It's also a good way to enjoy 132 a change of pace.

KEY EXPRESSIONS

have an opening 비는 시간이 있다
get a manicure 손톱 관리를 받다
get a mani-pedi 손발톱 관리를 받다
receive a treatment 시술, 관리를 받다
moisturize something 보습하다
silky-soft 매우 부드러운
have dead skin removed 각질 제거를 받다
have one's toenails trimmed 발톱 손질을 받다
cost a pretty penny 비용이 많이 들다
be on cloud nine 기분이 매우 좋다
there is no lack of 많이 있다
get one's nails done 네일 관리를 받다
express oneself 자신을 표출하다
a change of pace 기분 전환

PATTERN
PRACTICE

130 have an opening 비는 시간이 있다

I had an opening during the weekend.
주말에 시간이 생겼다.

Thankfully, the salon had an opening.
다행히 미용실에 비는 시간이 있었다.

I try to exercise whenever I have an opening.
비는 시간이 있을 때마다 운동하려고 한다.

131 get one's nails done 네일 관리를 받다

It shows that people enjoy getting their nails done.
그만큼 사람들이 네일 관리를 즐겨 받는다는 말이 된다.

I get my nails done once a month.
나는 한 달에 한 번씩 네일 관리를 받는다.

Where do you go to get your nails done?
너는 네일 관리를 어디서 받니?

132 a change of pace 기분 전환

It's also a good way to enjoy a change of pace.
또한 기분 전환을 할 수 있는 좋은 방법이다.

I went to a new restaurant for a change of pace.
기분 전환을 위해 새로운 음식점에 가 봤다.

I like to travel when I need a change of pace.
기분 전환이 필요할 때는 여행을 즐긴다.

DIALOGUE PRACTICE

A I'm going to get a manicure tomorrow. Do you want to come?

B Me? What would I do there? I'm a man.

A So what? Lots of guys get manicures these days. It's really common.

B No, **I'm actually too self-conscious**.

A Okay. Let's just have dinner when I'm done.

A 나 내일 매니큐어 받으러 가는데. 같이 갈래?
B 내가? 내가 가서 뭘 하라고? 난 남자라고.
A 뭐 어때? 요즘은 남자들도 매니큐어 많이들 받잖아. 아주 흔해.
B 아니야, 사실 남들 시선이 너무 신경 쓰여.
A 그래. 그럼 나 끝나면 저녁이나 먹자.

COMPOSITION PRACTICE

1 친구들과 함께 손톱 관리를 받으러 다니는 경우가 많다. (get one's nails done)

2 특정 스타일로 옷을 입는 것은 자신을 표현할 수 있는 한 가지 방법이다. (express oneself)

3 스스로에게 주는 포상으로 손발톱 관리를 받았다. (get a mani-pedi)

4 여행 비용이 굉장히 많이 들었다. (cost a pretty penny)

ANSWERS
1. I often go with my friends to **get our nails done**.
2. Dressing in a certain style is one way to **express yourself**.
3. I rewarded myself by **getting a mani-pedi**.
4. Our vacation **cost a pretty penny**.

DAY
45

Musicals

음원 45

뮤지컬

Today's TOPIC

45th

우리나라에도 뮤지컬을 좋아하고 공연을 자주 보러 다니는 사람들이 많아졌다. 몇 년 전에만 해도, 코로나19 때문에 몇몇 공연이 취소되었다.

뮤지컬 공연에는 내한 공연, 라이선스 공연, 창작 공연 등이 있다. 공연의 규모에 따라 대극장, 소극장 등 공연 장소가 다양하다. 주로 뮤지컬 좌석은 VIP석, R석, S석, A석으로 나누어져 있다. 일부 공연은 소셜 커머스를 통해 비지정석 티켓을 팔기도 한다.

뮤지컬 배우는 주연, 조연, 앙상블 배우들이 있다. 티켓 파워가 있는 배우가 출연하는 경우, 공연 표가 일찍 매진되어서 예매하기가 힘들다. 특정 공연이나 배우를 선호하는 관객들은 같은 공연을 여러 차례 보는 경우가 많다.

SPEECH PRACTICE

More and more people in Korea enjoy musicals, and go to see performances often. Up until just a few years ago, some shows 133 were called off because of COVID-19.

Types of musical performances include touring shows in Korea, licensed shows, and original performances. Depending on the scale of the show, they can be performed at large or small theaters. Seat types at most musicals are classified as VIP, R, S, or A class seats. Some shows sell non-designated seats via social commerce.

Musical actors include the lead actors, supporting actors, and the ensemble cast. When there is an actor with a lot of 134 box office clout, the show can 135 sell out quickly, and it's hard to score tickets. Theatergoers that prefer certain shows or actors often go for repeat viewings of the same show.

KEY EXPRESSIONS

go to see performances 공연을 보러 가다
be called off 취소되다
touring show 순회공연
licensed shows 라이선스 공연
original performance 창작 공연
scale of the show 공연 규모
seat types 좌석 등급
be classified as 분류되다, 등급이 정해지다
non-designated seat 비지정석
lead actor 주연 배우
supporting actor 조연 배우
ensemble cast 출연진
box office clout 티켓 파워, 흥행 능력
sell out quickly 빨리 매진되다
score tickets (어렵게) 표를 구하다
theatergoer 공연 관람객
repeat viewing 재관람

133 be called off 취소되다

Last year, a lot of shows were called off because of COVID-19.
작년에는 코로나19 때문에 많은 공연이 취소되었다.

The meeting was called off suddenly.
회의가 갑작스럽게 취소되었다.

The picnic was called off because of the weather.
날씨 때문에 소풍이 취소되었다.

134 box office clout 티켓 파워, 흥행 능력

There is an actor with a lot of box office clout in that musical.
그 뮤지컬에는 티켓 파워가 있는 배우가 출연한다.

She has a lot of box office clout, so tickets get sold out very quickly.
그녀의 티켓 파워가 강해서 표가 빠르게 매진된다.

He appeared as a cameo in the movie because of his box office clout.
그의 티켓 파워 덕분에, 그 영화에 그는 카메오로 출연했다.

135 sell out quickly 빨리 매진되다

The show can sell out quickly.
공연 표가 일찍 매진될 수 있다.

She has a lot of box office clout, so tickets get sold out very quickly.
그녀의 티켓 파워가 강해서 표가 빠르게 매진된다.

The tickets for the game tend to sell out quickly.
경기 표가 빨리 매진되는 것 같다.

DIALOGUE PRACTICE

A Do you like musicals?

B Me? I **am crazy about** musicals!

A Really? Do you go to watch them often?

B I think I go at least once **every other month**.

A I see.

A 뮤지컬 좋아하니?
B 나? 나 뮤지컬 '덕후'잖아!
A 그래? 자주 보러 다녀?
B 두 달에 한 번은 꼭 가는 것 같아.
A 그렇구나.

COMPOSITION PRACTICE

1 회의가 예기치 않게 취소되었다. (be called off)

2 나는 이번에는 표를 구하지 못했다. (score tickets)

3 80년대에는 그 감독의 흥행 성적이 아주 좋았다. (box office clout)

4 내가 더 어렸을 때는 그 배우를 정말 좋아했었어. (be crazy about)

ANSWERS
1. The meeting **was called off** unexpectedly.
2. I wasn't able to **score tickets** this time.
3. That director had a lot of **box office clout** in the 80s.
4. I **was crazy about** that actor when I was younger.

DAY
46

Art Classes

미술 학원

음원 46

Today's TOPIC

46th

나는 화실을 운영한 지 벌써 13년이 되었다. 처음에 미술 학원을 시작할 때만 해도, 미대 입시생이 없으면 잘 운영이 될지 걱정이 많았다. 그러나 요즘은 100세를 바라보는 시대이다. 개인의 취미와 자기 계발을 중요하게 여긴다. 그래서 그런지 그림을 배우러 오는 성인이 꽤 많다.

화실에 오는 분들의 배경은 다양하다. 상당수는 학창 시절 미술 시간 외에는 그림을 그려 본 적이 없는 분들이다. 물론 어렸을 때 가졌던 화가의 꿈을 이루러 오는 분들도 있다. 현재 직업에 도움이 되고자 오는 분들도 있고, 힐링이나 몰입이 필요해서 오는 분들도 있다.

이런 분들은 오히려 미대 입시 준비생들보다 열정이 더 높은 경우가 많다. 정말 열심히 배우시고 꾸준히 하기 때문에, 웬만한 미대생보다 그림을 더 잘 그린다.

SPEECH PRACTICE

I have operated an art studio for 13 years. When I first started offering art classes, I 136 **got in a state** over whether I could keep things running without students applying for art school. But people these days live to be a hundred years old. They place great importance on personal hobbies and self-improvement. Perhaps that's why a lot of adults come to learn art as well.

People who come to the studio come from diverse backgrounds. Many have never drawn anything since their school days. Some of them come to 137 **realize a childhood dream** of becoming an artist. Some think it will help them with their work, and others come because they need healing or to 138 **immerse themselves in** something.

These students are often even more passionate than students doing college prep. They work hard and diligently, so they can draw even better than some art students.

KEY EXPRESSIONS

art studio 화실
get in a state 크게 걱정하다, 안달하다
keep things running 운영하다, 유지하다
apply for school 학교에 지원하다
place great importance on 중점을 두다
self-improvement 자기 계발
come from diverse backgrounds 다양한 배경 출신이다
school days 학창 시절
realize a childhood dream 어린 시절 꿈을 이루다
immerse oneself in ~에 몰입하다
college prep 대입 준비
work hard and diligently 열심히 부지런히 작업하다

136 get in a state 크게 걱정하다, 안달하다

When I first started offering art classes, I got in a state.
처음에 미술 학원을 시작할 때만 해도 걱정이 많았다.

There is no need to get in a state yet.
아직 너무 크게 걱정할 필요는 없어.

I got in a state because I missed my stop.
나는 내려야 할 정거장을 놓치는 바람에 안달이 났다.

137 realize a childhood dream 어린 시절 꿈을 이루다

Some learn art to realize a childhood dream.
어렸을 때 가졌던 꿈을 이루기 위해 그림을 배우는 사람들도 있다.

For me, coming here is realizing a childhood dream.
이곳에 온 것은 나의 어린 시절 꿈을 하나 이루는 것이야.

I think he wants to realize a childhood dream.
그는 어릴 적 꿈을 이루고 싶은 것 같아.

138 immerse oneself in ~에 몰입하다

Some learn art because they want to immerse themselves in something.
어떤 사람은 뭔가에 몰입해 보고 싶어서 미술을 배운다.

I often immerse myself in my thoughts before I go to sleep.
나는 잠들기 전에 나만의 생각에 빠질 때가 많다.

I like to immerse myself in a book on rainy weekends.
난 비가 오는 주말에는 책에 푹 빠져드는 것을 정말 좋아해.

DIALOGUE PRACTICE

A What do you **do as a hobby** these days?

B I started taking art lessons a few months ago.

A Really? I didn't know you were interested in painting.

B I **picked it up** as a **casual hobby** at first, but now I **am totally into it**.

A I see. I'm thinking about learning **oil paintings**.

A 요즘 취미 생활로 뭐 하세요?
B 몇 달 전부터 미술 학원을 다니기 시작했어요.
A 정말요? 그림 그리는 것에 관심이 있는지 몰랐네요.
B 처음에는 가벼운 취미로 시작했는데, 지금은 그림의 매력에 푹 빠졌어요.
A 그렇군요. 저도 유화를 배울까 생각 중이에요.

COMPOSITION PRACTICE

1 뭔가 문제가 생길 때마다 그렇게 안달하지 마. (get in a state)

2 그 나라에 감으로써, 나는 어린 시절 꿈을 이루었다. (realize a childhood dream)

3 나는 다른 것은 모두 무시하고, 음악에만 몰입했다. (immerse oneself in)

4 올해는 골프를 배워 보기로 결심했다. (pick something up)

ANSWERS
1. You shouldn't **get in a state** every time a problem occurs.
2. I **realized a childhood dream** by visiting that country.
3. I ignored everything else and **immersed myself in** the music.
4. I decided to **pick up golf** this year.

DAY
47

Calligraphy

캘리그래피

음원 47

Today's TOPIC

47th

캘리그래피는 자신만의 개성과 매력 있는 글씨체로 글을 쓰는 것이다. 글자에 디테일을 더해 주는 그림이나 그림자도 그릴 수 있다. 기분 전환에도 도움이 된다. 요즘 캘리그래피를 취미로 하는 사람이 점점 많아지고 있다. 그리고 직업으로 하는 사람도 늘고 있는 추세이다.

나는 요즘 아빠와 캘리그래피를 자주 한다. 얼마 전 외할머니 집에 갔을 때, 할머니의 캘리그래피 작품들을 보고 나도 시작하게 되었다. 그날 할머니와 함께 해 보고, 그 이후로 빠져들게 된 것 같다.

문구점에 가면 캘리그래피 학습서와 전용 붓펜을 살 수 있다. 캘리그래피는 붓의 힘 조절이 가장 중요하다. 얇게 그리려면 붓에 약하게 힘을 주고, 두꺼운 글씨는 세게 힘을 줘야 한다.

SPEECH PRACTICE

Calligraphy is the act of 139 writing by hand, in a style that shows off your unique charm. You can also draw illustrations or shadows to add detail. It's a good way to 140 distract yourself. More and more people are 141 picking up calligraphy as a hobby these days. Many people also do it for a living.

I often practice calligraphy with my dad these days. I first got into it when I saw my grandmother's calligraphy at her place. I tried it for the first time with my grandmother that very day, and I have been hooked ever since.

At stationery stores, you can find calligraphy books and purpose-made brush pens. In calligraphy, controlling the way you apply pressure is most important. You can ease up to draw thin lines, and press down hard for thicker ones.

KEY EXPRESSIONS

write by hand 손으로 쓰다
show off 뽐내다
unique charm 개성 있는 매력
draw illustrations 그림을 그리다
add detail 디테일을 더해 주다
distract oneself 기분 전환을 하다
pick up something as a hobby 취미로 하게 되다
for a living 직업으로, 생계 수단으로
practice calligraphy 캘리그래피를 하다
get into it 시작하게 되다, 관심을 갖게 되다
for the first time 처음으로
that very day 바로 그날
be hooked 중독되다, 몰두하게 되다
stationery store 문구점
purpose-made 전용으로 제작된
brush pen 붓펜
apply pressure 힘을 주다
ease up 힘을 빼다
press down hard 눌러서 힘을 주다

139 write by hand 손으로 쓰다

Calligraphy is the act of writing by hand.
캘리그래피는 손으로 직접 글을 쓰는 것이다.

I wrote the invitations by hand.
나는 초청장들을 손글씨로 직접 썼다.

Kids these days rarely write anything by hand.
요즘 아이들은 손으로 뭔가를 쓰는 경우가 드물다.

140 distract oneself 기분 전환을 하다

Calligraphy is a good way to distract yourself.
캘리그래피는 기분 전환에 도움이 된다.

I was upset and I needed something to distract myself.
나는 속이 상해서 기분 전환할 뭔가가 필요했다.

I sometimes read comic books to distract myself.
나는 기분 전환을 할 겸 만화책을 읽을 때가 있다.

141 pick up something as a hobby 취미로 하게 되다

More and more people are picking up calligraphy as a hobby these days.
요즘 캘리그래피를 취미로 하는 사람이 점점 많아지고 있다.

I wish my son would pick up tennis as a hobby.
아들이 취미로 테니스를 좀 배워봤으면 좋겠다.

I recently picked up yoga as a hobby.
나는 최근에 요가를 취미 삼아 시작했다.

DIALOGUE PRACTICE

A I'm **practicing calligraphy** with my kids these days. It's really great for **clearing one's head**.

B What's calligraphy?

A Oh, it's a form of art where you **come up with** a **one-of-a-kind** font.

B Really?

A You can create various font styles using a brush pen or other **writing utensils**.

A 요즘 아이들과 캘리그래피 자주 해. 머리를 식히기에 정말 좋아.
B 캘리그래피가 뭐야?
A 아, 개성 있는 글씨체를 만들어 보는 예술의 일종이야.
B 그래?
A 붓펜 등의 필기도구로 다양한 서체를 만들어 보는 거지.

COMPOSITION PRACTICE

1 나는 손으로 뭔가를 써 본 지 아주 오래됐다. (write by hand)

2 기분 전환을 하려고 TV를 켰다. (distract oneself)

3 나는 중학교 때 체스를 취미 삼아 하기 시작했다. (pick up something as a hobby)

4 너 그녀에게 다시 전화 걸기 전에 머리부터 좀 식혀. (clear one's head)

ANSWERS
1. It's been a long time since I **wrote** something **by hand**.
2. I turned on the TV to **distract myself**.
3. I **picked up chess as a hobby** when I was in middle school.
4. You should **clear your head** before you call her again.

DAY
48

Reselling Culture

음원 48

리셀 문화

Today's TOPIC

48th

요즘 20~30대 사이에서 상품을 되파는 리셀(re-sell) 문화가 유행하고 있다. 월급만으로는 경제적으로 풍족한 삶을 누리기 어려워졌기 때문이다. 그래서 젊은 층은 새로운 재테크 방법을 찾게 되는데, 그중 하나가 바로 오늘날 유행하는 리셀 문화이다.

가끔 뉴스에서 한정판 신발이나 명품을 사기 위해 아침부터 길게 줄을 서 있는 풍경을 보여 주기도 한다. 일부 리셀러(re-seller)는 물건을 싼 가격에 사서 더 높은 가격에 되팔아 상당한 수익을 보기도 한다.

이러한 행태를 비판적으로 보는 시각도 있다. 그러나 그것이 효율적인 재테크 수단이라며 옹호하는 시각도 있다. 한 가지 확실한 사실은 리셀 문화가 현대 생활의 일면으로 자리 잡았다는 것이다.

SPEECH PRACTICE

The culture of reselling things is a big deal among 20 and 30-somethings these days. It's because living a financially affluent life with just a monthly paycheck has become difficult. Many younger people have started looking for new 142 investment strategies, and the currently popular reselling culture is one of them.

We sometimes see stories on the news about people standing in line early in the morning to buy limited-edition shoes or designer-brand goods. Some re-sellers buy items cheap and sell them at higher prices, 143 earning a tidy profit.

Some people frown upon this type of behavior. But others come to its defense, saying that it's a 144 sound investment strategy. One thing is clear: reselling culture has established itself as an aspect of modern life.

KEY EXPRESSIONS

a big deal 화제, 유행, 큰일
20 and 30-somethings 20~30대 계층
financially affluent life 금전적으로 풍족한 삶
monthly paycheck 월급
investment strategy 재테크 전략
stand in line 줄을 서서 기다리다
early in the morning 아침 일찍
limited-edition 한정판
designer-brand goods 명품 제품
buy something cheap ~을 저렴하게 구입하다
earn a tidy profit 상당한 수익을 실현하다
frown upon 비판적으로 보다
come to one's defense ~을 옹호하다
sound investment strategy 탄탄한 투자 전략
establish oneself 자리매김하다
an aspect of modern life 현대 사회의 일면

PATTERN
PRACTICE

142 investment strategy 재테크 전략

Many younger people have started looking for new investment strategies.

젊은 층은 새로운 재테크 방법을 찾게 되었다.

My friends all watch YouTube videos about investment strategies.

내 친구들은 전부 재테크 전략에 대한 유튜브 영상을 시청한다.

You should not invest in stocks without a good investment strategy.

탄탄한 투자 전략 없이 주식에 투자하는 것은 바람직하지 않다.

143 earn a tidy profit 상당한 수익을 실현하다

Some re-sellers buy items cheap and sell them at higher prices, earning a tidy profit.

일부 리셀러는 물건을 싼 가격에 사서, 더 높은 가격에 되팔아 상당한 수익을 보기도 한다.

Some people earn a tidy profit by endorsing products on social media.

SNS에 상품을 홍보해서 상당한 수익을 보는 사람들이 있다.

People who bought that stock earned a tidy profit.

그 주식을 매입한 사람들은 상당한 돈을 벌었다.

144 come to one's defense ~을 옹호하다

Some people frown upon this type of behavior, but others come to its defense.

이러한 행태를 비판적으로 보는 시각도 있지만, 옹호하는 시각도 있다.

Nobody came to his defense at the meeting.

회의에서 아무도 그를 옹호해 주지 않았다.

My sisters always came to my defense whenever my parents got angry.

부모님께서 화를 내시면 누나들이 항상 내 편을 들어줬다.

DIALOGUE PRACTICE

A Did you buy that **for personal use**?

B No, I **have no use for** this sort of thing. I'm going to **resell it online**.

A Oh, really?

B Yeah. Reselling things is a common **investment strategy** these days.

A Oh, I see.

A 그거 네가 쓰려고 산 거야?
B 아니, 난 이런 거 필요 없어. 인터넷에 다시 팔 거야.
A 아, 정말?
B 응. 요즘에 리셀(re-sell)로 재테크들 많이 하잖아.
A 아, 그렇구나.

COMPOSITION PRACTICE

1 장기적인 투자 전략이 있어야 한다. (investment strategy)

2 나는 더 이상 사용하지 않는 물건들을 팔아서 상당한 수익을 보았다. (earn a tidy profit)

3 다른 부서와의 회의에서 나의 상사가 나를 옹호해 줬다. (come to one's defense)

4 그것들을 온라인으로 최소 80달러에 리셀할 수 있다. (resell something online)

ANSWERS
1. You need a long-term **investment strategy**.
2. I **earned a tidy profit** by selling items I don't use anymore.
3. My boss **came to my defense** when we had a meeting with another department.
4. You can **resell them online** for at least 80 dollars.

DAY
49

음원 49

TED (Technology, Entertainment, Design) 테드 강연 듣기

Today's TOPIC

49th

TED는 미국의 비영리 재단에서 운영하는 강연회이다. TED라는 이름은 Technology, Entertainment, Design의 약자이다. 이러한 주제들과 관련하여 유익한 내용을 강연자가 대중들에게 전하는 강연이다. 최근에는 과학에서 국제적인 이슈까지 아우르며 그 분야와 주제는 더욱 확대되었다. 초대되는 강연자들은 각 분야의 저명인사와 괄목할 만한 업적을 이룬 사람들이다.

각 강연은 18분 이내에 이루어진다. 이 강연 하나하나를 'TED TALKS'라 한다. '알릴 가치가 있는 아이디어(ideas worth spreading)'가 이 행사의 공통 주제이다. TED는 미국뿐만 아니라 유럽과 아시아 등에서도 개최된다. 그리고 TEDx란 이름으로 각 지역에서 강연회가 자체적으로 개최된다. TED 웹사이트에는 2,000편이 훌쩍 넘는 강연이 무료로 공개되어 있다. 많은 자원봉사자가 강연에 자국어로 자막을 달아 제공하는 것도 인상적인 부분이다.

SPEECH PRACTICE

TED is a series of lectures operated by an American nonprofit organization. The name is an acronym for Technology, Entertainment, and Design. TED lecturers 145 provide useful information to audiences on these topics. Recently, the talks have expanded their range to include science and global issues. The guest speakers are renowned experts in their fields, and people who are very accomplished.

Each lecture 146 clocks in at 18 minutes or less. The lectures are called TED Talks. The common theme of the talks is 'ideas worth spreading.' TED lectures are also held outside of the U.S. in European and Asian countries. Lectures are held in each region under the name of TEDx. The TED website offers well over 2,000 lectures, all free of charge. It is also worth noting that many volunteers provide subtitles in their 147 native tongue.

KEY EXPRESSIONS

nonprofit organization 비영리 단체
acronym for 약자
provide useful information 유용한 정보를 제공하다
expand one's range 범위를 확대하다
global issues 국제 이슈
guest speaker 초청 연사
renowned expert 저명한 전문가
accomplished (해당 분야에서) 성공을 한
clock in at ~의 시간을 기록하다
common theme 공통된 주제
under the name ~의 이름/제목으로
well over 훌쩍 넘는
free of charge 무료로
worth noting 주목할 만한
subtitles 자막
native tongue 자국어, 모국어

145 provide useful information 유용한 정보를 제공하다

Lecturers provide useful information to audiences on these topics.
강연자들은 이러한 주제들과 관련된 유익한 내용을 대중들에게 전한다.

She always provides useful information when I am struggling.
내가 힘들어할 때마다 그녀는 유용한 정보를 준다.

The pamphlet doesn't provide useful information.
안내 책자에는 별다른 유용한 정보가 없어.

146 clock in at ~의 시간을 기록하다

Each lecture clocks in at 18 minutes or less.
각 강연은 18분 이내에 이루어진다.

The movie clocks in at 3 hours, but it felt much shorter.
영화가 3시간이나 되지만, 훨씬 짧게 느껴졌어.

The recipe clocks in at just fifteen minutes.
조리 시간이 15분밖에 걸리지 않는다.

147 native tongue 자국어, 모국어

Many volunteers provide subtitles in their native tongue.
많은 자원봉사자가 강연에 자국어로 자막을 달아 제공한다.

It's hard to read books that aren't in my native tongue.
나는 모국어로 된 책이 아니면 읽기가 힘들어.

It's not her native tongue, so she speaks slowly.
그녀의 모국어가 아니기 때문에, 말을 느릿느릿 한다.

DIALOGUE PRACTICE

A Do you watch TED lectures?

B I've seen one or two. What about you?

A Yeah. Those lectures **are the business**. If a lecture is really good, I watch it several times.

B What topics **are covered** in the lectures you usually watch?

A I don't have one **in particular**. I watch everything.

A TED 강연 보니?
B 한두 번 본 적 있는 거 같아. 너는 자주 봐?
A 응. 정말 너무 좋은 강연들이야. 좋은 강연은 여러 번 돌려 보는 경우도 많아.
B 주로 어떤 주제의 강연을 많이 보는데?
A 특정 주제를 정하지는 않아. 전부 보는 것 같아.

COMPOSITION PRACTICE

1 이 웹사이트는 여행자들에게 유용한 정보를 제공해. (provide useful information)

2 비행시간이 8시간에 이른다. (clock in at)

3 한국어는 그녀의 모국어가 아니지만, 그녀는 능숙하게 말을 한다. (native tongue)

4 나는 이탈리아 음식을 특히 좋아해. (in particular)

ANSWERS
1. This website **provides useful information** for travelers.
2. The flight **clocks in at** 8 hours.
3. Korean is not her **native tongue**, but she speaks it fluently.
4. I like Italian food **in particular**.

DAY 50

Making Friends Overseas

해외 친구 사귀기

음원 50

Today's TOPIC

50th

요즘은 여러 가지 언어 교환 앱이 있습니다. 이러한 앱을 통해 지구 반대편에 있는 외국인들과 비교적 쉽게 소통할 수 있습니다. 저는 1년 전부터 언어 교환 앱으로 외국인 친구들과 대화를 나누고 있습니다.

그 앱에서 만난 외국 친구들은 대부분 K-pop과 한국 드라마, 한국어에 관심이 많습니다. 그들이 한국어를 물어볼 때, 제가 가르쳐 줍니다. 반대로 저는 그 친구들에게 가끔 영어에 대한 질문을 하며 배우고 있습니다.

이렇게 앱을 사용해서 외국인들과 소통하는 것이 신기합니다. 그리고 정말 재미있습니다. 처음에는 영어로 소통하는 것이 힘들었는데, 이제는 영어에 조금 더 자신감이 생겼습니다.

SPEECH PRACTICE

A wide range of language exchange apps are available these days. Through these apps, users can easily communicate with people all over the globe. I started using language exchange apps a year ago to 148 shoot the breeze with friends overseas.

Most of the foreign friends I've gotten to know through the app are 149 keenly interested in K-pop, Korean TV shows, and the Korean language. I help them out when they ask me about Korean. I also learn by asking them about English sometimes.

I am amazed by the way apps allow me to communicate with people overseas. It's also a boatload of fun. It was hard to 150 make myself understood in English at first, but I'm starting to gain confidence in my English skills.

KEY EXPRESSIONS

a wide range of 다양한 종류의
all over the globe 세계 곳곳에
shoot the breeze 수다를 떨다
get to know 알게 되다, 만나다
keenly interested in ~에 관심이 많은
help someone out 도움을 주다
be amazed by ~이 신기하다
a boatload of fun 아주 재미있는 것
make oneself understood 의사 전달을 하다
gain confidence 자신감이 생기다

PATTERN
PRACTICE

148 shoot the breeze 수다를 떨다

I started using language exchange apps a year ago to shoot the breeze with friends overseas.

저는 1년 전부터 언어 교환 앱으로 외국인 친구들과 대화를 나누고 있습니다.

I don't have time to shoot the breeze right now.

지금 한가하게 수다를 떨 시간이 없다.

We met at a café to shoot the breeze for a while.

우리는 한동안 수다나 떨려고 카페에서 만났다.

149 keenly interested in ~에 관심이 많은

Most of the foreign friends I've met through the app are keenly interested in K-pop.

앱에서 만난 외국 친구들은 대부분 K-pop에 관심이 많습니다.

I was keenly interested in world history during high school.

고등학교 시절에 나는 세계사에 관심이 많았었다.

My mother is quite old, but she is still keenly interested in learning English.

우리 엄마는 연세가 많으시지만, 여전히 영어 공부에 관심이 많으시다.

150 make oneself understood 의사 전달을 하다

It was hard to make myself understood in English at first.

처음에는 영어로 소통하는 것이 힘들었습니다.

I spoke more loudly to make myself understood.

사람들이 내 말을 들을 수 있도록 더 큰 목소리로 말했다.

Good slides can help you make yourself understood.

잘 만든 슬라이드는 의사 전달을 하는 데 도움이 될 수 있다.

DIALOGUE PRACTICE

A I **stay in touch** with a few friends using an app these days.

B What country are they from?

A **All over the place**. I have friends from **the States** and from Singapore.

B What do you usually talk about?

A We usually have **casual conversations** about Korean **cultural content**, like K-pop.

A 저는 요즘 앱으로 소통하는 친구들이 있어요.
B 어느 나라 친구들이에요?
A 다양해요. 미국도 있고, 싱가포르도 있어요.
B 주로 무슨 이야기해요?
A K-pop과 같은 한국 문화 콘텐츠와 관련된 가벼운 대화를 많이 해요.

COMPOSITION PRACTICE

1 저녁을 먹고 수다를 떨기 위해 친구들을 만났다. (shoot the breeze)

2 그는 투자 전략에 관심이 많다. (keenly interested in)

3 의사 전달을 하려면 말을 더 명확하게 해야 한다. (make oneself understood)

4 요즘은 다양한 앱을 통해 연락을 유지하기가 더 쉽다. (stay in touch)

ANSWERS
1. I met my friends to eat dinner and **shoot the breeze**.
2. He is **keenly interested in** investment strategies.
3. You need to speak more clearly to **make yourself understood**.
4. Various apps make it easier to **stay in touch** these days.

CHAPTER 5

MEDIA
미디어

DAY 51
TV Shows
방송 프로그램

DAY 52
Watching TV
TV 시청 습관

DAY 53
TV Dramas
TV 드라마

DAY 54
News Programs
뉴스 프로그램

DAY 55
Talent Competition Programs
오디션 프로그램

DAY 56
Reality TV Programs
리얼리티 TV 프로그램

DAY 57
Old TV Dramas
예전 TV 드라마

DAY 58
Radio
라디오

DAY 59
Stars in the Entertainment Industry
연예계 스타

DAY 60
AI Chatbot ChatGPT
인공지능 챗봇 챗GPT

RELATED QUESTIONS

주제별 스피치 향상을 위한 질문 모음

Try to answer the questions based on each topic.

DAY 51 TOPIC 방송 프로그램

1 Describe how you decide what to watch on TV.
2 Why are more and more people watching shows online?
3 Is there an old show you would like to remake? Which actors would you choose?

DAY 52 TOPIC TV 시청 습관

1 Do you watch TV when you eat? Why or why not?
2 What are the pros and cons of streaming video, compared to TV?
3 What is your favorite TV show? Why do you like it so much?

DAY 53 TOPIC TV 드라마

1 How do you choose which TV dramas to watch?
2 Do you prefer to watch TV dramas on your TV or mobile device? Explain why.
3 Describe the best TV drama you have watched so far. Why did you like it so much?

DAY 54 TOPIC 뉴스 프로그램

1 Where do you usually hear or read about the news?
2 Why do you think some news topics are more interesting than others?
3 Do you discuss the news with your friends? Which news topics do you discuss most often?

DAY 55 TOPIC 오디션 프로그램

1 Do you watch talent competition programs on TV? Why or why not?
2 What makes some competitors more appealing than others?
3 Do you think you would be a good competition program judge?

DAY 56 TOPIC 리얼리티 TV 프로그램

1 Talk about your favorite reality TV program.
2 Talk about a recent episode of a reality TV program you watched.
3 What do you like most about reality TV shows?

DAY 57 TOPIC 예전 TV 드라마

1 Describe an old TV show that you enjoyed watching.
2 How have TV shows changed over the years?
3 Talk about other types of video clips you enjoy watching.

DAY 58 TOPIC 라디오

1 Describe how you usually listen to music.
2 What is your favorite radio program? What do you like about it?
3 Do you think people will continue to listen to the radio in the future? Why or why not?

DAY 59 TOPIC 연예계 스타

1 Why do you think people like celebrities so much?
2 Do you think actors and singers should be role models? Why or why not?
3 What do you think makes some stars more popular than others?

DAY 60 TOPIC 인공지능 챗봇 챗GPT

1 What do you use AI chatbots for in your day-to-day life?
2 Do you think AI will ever replace humans in your field of work? Why or why not?
3 Why are some people concerned by the rapid development of AI?

DAY
51

TV Shows

방송 프로그램

음원 51

Today's TOPIC

51th

내가 가장 즐겨보는 방송은 뉴스이다. 집에 와서 밥을 먹을 때 뉴스를 틀어 놓는 경우가 많다. 세간에 화제가 되고 있는 사건들에 대해 알 수 있고, 해외에서 일어나는 소식들도 접할 수 있다.

한국에는 다양한 예능 프로그램도 있다. 예전에는 몇몇 스타 진행자에 의존하는 토크 쇼나 버라이어티 쇼가 대세였다. 그러나 최근 가장 유행하는 방식은 관찰 예능이다.

관찰 예능은 최대한 자연스럽게 출연자의 평소 생활하는 모습을 촬영한다. 그 뒤, 그 촬영된 영상을 진행자와 게스트 패널이 함께 면밀히 보며 대화를 나누는 방식이다. 각본대로 진행되던 예전 프로그램과는 달리, 출연자와 공감대를 형성함으로써 재미를 느낄 수 있게 해 준다.

SPEECH PRACTICE

The shows I like to watch most are news programs. When I get home and have dinner, I often switch to the news. I can learn about events that are 151 hot topics, and about goings on in other countries.

There are also a host of entertainment programs in Korea. In the past, talk shows and variety shows that lean heavily on a few star emcees were popular. But nowadays, observational entertainment is the 152 hot ticket.

In this format, the 153 day-to-day activities of the cast are filmed. Then, a host and a panel of guests pore over the video and discuss it. Unlike earlier programs that followed a script, these programs provide fun by letting viewers identify with the cast.

KEY EXPRESSIONS

switch to 방송을 틀다
hot topic 화제
goings on 발생 사건, 근황
a host of 다양한
entertainment program 예능 프로그램
lean heavily on ~에 크게 의존하다
observational entertainment 관찰 예능
hot ticket 유행하는 것
day-to-day 일상적인
pore over 면밀히 보다
follow a script 대본을 따르다
identify with 공감하다

151 hot topic 화제

I can learn about events that are hot topics.
세간에 화제가 되고 있는 사건들에 대해 알 수 있다.

Their wedding was a hot topic last month.
지난 달에는 그들의 결혼식이 화젯거리였다.

It was a hot topic for a while, but people soon forgot.
한동안 화제였지만, 사람들은 이내 잊어버렸다.

152 hot ticket 유행하는 것

Nowadays, observational entertainment is the hot ticket.
최근 가장 유행하는 방식은 관찰 예능이다.

That café is a hot ticket these days.
요즘 그 카페가 유행하고 있어.

The musical was a hot ticket last year.
작년에 그 뮤지컬이 크게 흥행했다.

153 day-to-day 일상적인

In this format, the day-to-day activities of the cast are filmed.
이 방식에서는 출연자의 평소 생활하는 모습이 촬영된다.

Making coffee is part of my day-to-day routine.
커피를 내리는 것은 나의 일상 중 한 부분이다.

People are interested in the day-to-day activities of celebrities.
사람들은 유명인들의 일상적인 생활에도 관심을 갖는다.

DIALOGUE PRACTICE

A Have you seen this new comedy program? It's really funny.

B I've **heard about it**, but I've never seen it. I don't like that actor.

A You'll think differently after you watch it.

B Okay, I'll watch it if I see it on TV next time.

A Yeah, you can **take my word for it**.

A 이 새로운 코미디 프로그램 봤어? 진짜 웃겨.
B 들어는 봤는데, 보지는 않았어. 그 배우를 별로 안 좋아해서.
A 한번 보면 생각이 달라질 거야.
B 알았어, 다음에 TV에서 하고 있으면 한번 볼게.
A 그래, 내 말 한번 믿어보라고.

COMPOSITION PRACTICE

1 요즘 인공지능이 화제이다. (hot topic)

2 그들은 많은 선택지가 있다. (a host of)

3 나는 일상생활도 휴가만큼이나 신난다. (day-to-day)

4 등장인물들에게 공감할 수 있어서 책이 마음에 들었다. (identify with)

ANSWERS 1. AI is a **hot topic** these days.
2. They have **a host of** possible options.
3. My **day-to-day** life is as exciting as my vacations.
4. I enjoyed the book, because I could **identify with** the characters.

DAY 52

Watching TV

TV 시청 습관

음원 52

Today's TOPIC

52th

나는 TV를 늦은 저녁이나 주말에 가장 자주 시청한다. 거실에 큰 TV가 있다. 주로 밥을 먹을 때 TV를 틀어 놓는 것을 좋아한다. 또한 이동 중에 휴대 전화로 TV 방송을 시청하기도 하고, 운동을 할 때에도 시청한다. 주로 인기 방송의 재방송을 자주 본다. 본방송을 놓친 경우에는 다시 보기를 이용해서 보는 경우도 있다.

TV 방송은 지난 수년간 많이 변해 왔다. 예전에는 방송이 옛날 방식이어서 다소 좀 지루했다. 그리고 채널 수도 몇 개 되지 않았다. 그러나 지금은 TV 방송이 훨씬 좋아졌다. 이제는 케이블 TV나 위성 TV로 인해서 채널 수가 워낙 많아졌다. 시청자들은 전 세계에서 방영되는 채널 수백 개를 받아 볼 수 있다. 또한 스트리밍 서비스를 통해 온갖 종류의 방송을 볼 수 있다. 선택의 폭이 정말 넓어졌다.

SPEECH PRACTICE

I watch TV most often after hours or on the weekends. I have a large TV in the living room. I like to 154 **have it on** when I am having meals. I also watch TV shows on my cell phone when I'm on the go, or when I'm working out. I usually watch re-runs of popular shows. I sometimes use VOD services to watch episodes if I have missed the 155 **original broadcast**.

TV programs have changed a lot over the years. TV shows were a bit of a snooze back in the day because they were old-fashioned. Plus, there weren't a lot of channels. But now, TV programs have become much better. There is a countless number of channels now, thanks to cable or satellite TV. Viewers can 156 **tune in to** hundreds of channels from all across the world. Plus, we can watch all sorts of shows on streaming services. We're spoiled for choice.

KEY EXPRESSIONS

after hours 늦은 시간에
have something on 틀어 놓다
have a meal 식사하다
on the go 이동 중에
work out 운동하다
re-run 재방송
VOD service 다시 보기 서비스
episode 방송 한 회 분
original broadcast 본방송
over the years 수년간
a snooze 지루한 것
back in the day 옛날 옛적에
old-fashioned 구식의
countless number of 수도 없이 많은
satellite TV 위성 TV
tune in to ~을 시청하다, 청취하다
all sorts of 온갖 종류의
streaming service 스트리밍 서비스
spoiled for choice 선택의 폭이 매우 넓은

154 have something on 틀어 놓다

I like to have the TV on when I eat.
밥을 먹을 때 TV를 틀어 놓는 것을 좋아한다.

I usually have the radio on when I drive.
운전을 할 때는 주로 라디오를 틀어 놓는다.

It was so hot that we had the air conditioning on all day.
너무 더워서 에어컨을 하루 종일 틀어 놓았다.

155 original broadcast 본방송

Sometimes I miss the original broadcast.
본방송을 놓치는 경우도 있다.

It's my favorite show, and I've never missed an original broadcast.
내가 가장 좋아하는 프로그램이라 본방송을 놓친 적이 없다.

I missed the original broadcast, so I had to wait for a re-run.
본방송을 놓쳐서 재방송을 할 때까지 기다려야 했다.

156 tune in to ~을 시청하다, 청취하다

Viewers can tune in to hundreds of channels.
시청자들은 채널 수백 개를 받아 볼 수 있다.

When there's nothing to watch, I usually tune in to the news.
볼 것이 따로 없으면 주로 뉴스를 시청한다.

I often tune in to that radio show in the afternoon.
나는 오후에 그 라디오 프로그램을 즐겨 듣는다.

DIALOGUE PRACTICE

A Why are you **changing channels** so often? Are you looking for something?

B No, it's not that. **There's nothing good on**. It's all boring.

A Then why don't you turn off the TV and read a book?

B That's a good idea.

A Yeah, you should **watch less TV and read more**.

A 왜 그렇게 채널을 자꾸 돌려? 뭐 찾고 있어?
B 아니, 그게 아니라. 볼만한 것이 없어. 전부 지루해.
A 그럼 TV는 그만 끄고 책이라도 보지 그래?
B 그거 좋은 생각이다.
A 그래, TV는 덜 보고 책을 더 많이 읽도록 해.

COMPOSITION PRACTICE

1 친구와 함께 운동하면 더 재미있다. (work out)

2 너무 피곤해서 어젯밤에 본방송을 보지 못했어. (original broadcast)

3 과거에는 사람들에게 연락하기가 더 힘들었다. (back in the day)

4 DJ를 바꾼 이후로는 더 이상 그 프로그램을 듣지 않아. (tune in to)

ANSWERS
1. It's more fun to **work out** with a friend.
2. I was too tired to watch the **original broadcast** last night.
3. It was harder to contact people **back in the day**.
4. I stopped **tuning in to** the show when they changed the DJ.

DAY 53

TV Dramas

TV 드라마

Today's TOPIC

53th

나는 드라마를 항상 보는 것은 아니다. 주변에서 재미있다고 하거나, 화제가 되는 드라마만 골라서 보는 편이다. 예전에는 지상파 방송의 TV 드라마들이 대세였지만, 요즘은 케이블 TV 방송 채널에서도 참신한 소재의 재미있는 드라마를 많이 한다.

더불어, 요즘은 본방송을 놓치면 언제든지 다시 보기를 이용해서 다시 시청할 수 있다. 디지털 TV가 보편화되어, 리모컨으로 그냥 결제만 하면 된다. 돈을 조금 내야 하지만, 그 정도 금액은 얼마든지 낼 수 있다.

뿐만 아니라, 요즘은 스트리밍 사이트에 공개되는 드라마들도 매우 인기이다. 미드나 영드뿐만 아니라 이러한 스트리밍 서비스에 공개되는 한국 드라마도 큰 인기몰이를 하는 경우가 많다.

SPEECH PRACTICE

I don't always watch dramas. I only watch the dramas that people say are fun, or that are 157 **the talk of the town**. Broadcast TV shows were the big thing in the past, but cable TV channels also have a lot of fun dramas these days with original topics.

Also, it's easy nowadays to watch programs through VOD services, even if you miss the original broadcast. Digital TVs have become widespread, so you can just pay using your remote. You do have to pay a little, but 158 **it's worth it**.

What's more, TV series released on streaming sites are a huge hit, too. In addition to American or British shows, Korean shows released through these streaming services often become 159 **runaway hits** as well.

KEY EXPRESSIONS

the talk of the town 화제
broadcast TV shows 지상파 TV 프로그램
the big thing 대세, 유행
original topic 참신한 소재
VOD service 다시 보기 서비스
original broadcast 본방송
become widespread 보편화되다
remote 리모컨
it's worth it 그럴 가치가 있다
released on streaming sites 스트리밍 사이트에 공개되는
a huge hit 큰 인기를 누리는 작품
streaming service 스트리밍 서비스
runaway hit 큰 인기를 누리는 작품

157 the talk of the town 화제

I only watch the dramas that are the talk of the town.
화제가 되는 드라마만 골라서 본다.

Her new book is the talk of the town.
그녀의 신간 서적이 한창 화제이다.

It was once the talk of the town, but now nobody cares.
한때는 큰 화제였지만, 이제는 누구도 관심을 갖지 않는다.

158 it's worth it 그럴 가치가 있다

You do have to pay a little, but it's worth it.
돈을 조금 내야 하지만, 그 정도 금액은 얼마든지 낼 수 있다.

You might have to wait a while, it's worth it.
좀 기다려야 할 수도 있지만, 그럴 만한 가치가 있다.

Even if you make a mistake, it's worth it if you learn something.
실수를 하더라도 그로 인해 교훈을 얻는다면 가치가 있는 것이다.

159 runaway hit 큰 인기를 누리는 작품

Korean shows released through streaming services often become runaway hits.
스트리밍 서비스에 공개되는 한국 드라마도 큰 인기몰이를 하는 경우가 많다.

The movie became a runaway hit thanks to positive reviews.
평론가들의 호평 덕분에 영화는 큰 인기몰이를 했다.

I knew the album would become a runaway hit.
나는 그 앨범이 큰 인기를 누릴 거라고 예상했다.

DIALOGUE PRACTICE

A Can you **give me some recommendations** for good TV dramas these days?

B Oh, there's a show on Netflix that **is all the rage** these days.

A What's it about? Is it fun?

B It's really fun. It's about a **bullying victim** who grows up and **gets her revenge**.

A Really? I'll have to **check that out**.

A 요즘 재미있는 드라마 뭐 추천할 거 있어?
B 넷플릭스에 완전 뜨는 드라마 하나 있어.
A 무슨 내용인데? 재미있어?
B 완전 재미있어. 학교 폭력을 당한 주인공이 커서 복수하는 이야기야.
A 정말? 한번 봐야겠네.

COMPOSITION PRACTICE

1 이게 조금 더 비싸긴 한데, 충분히 그 값어치를 한다. (it's worth it)

2 그 회사의 신제품이 큰 인기를 누리고 있다. (runaway hit)

3 두 스타 간의 관계가 작년의 큰 화제였다. (the talk of the town)

4 가까운 곳에 아주 좋은 미술관이 있으니 시간이 있으면 한번 봐. (check that out)

ANSWERS
1. This one is a little more expensive, but **it's worth it**.
2. The company's new product is a **runaway hit**.
3. The two stars' relationship was **the talk of the town** last year.
4. There is a great gallery nearby, so **check that out** if you have time.

DAY
54

News Programs

뉴스 프로그램

음원 54

Today's TOPIC

54th

나는 뉴스의 여러 분야에 관심이 많다. 매일 꾸준히 정통 TV 뉴스 채널들을 통해서 현안들에 대한 보도 내용들을 관심 있게 시청한다. 물론 요즘은 어느 해당 뉴스만 영상으로 따로 편집해서 인터넷에 게시하기 때문에, 언제든지 핸드폰으로 뉴스를 쉽게 시청할 수 있다.

국내 이슈 중에는 정치 뉴스를 눈여겨본다. 정부의 각종 경제 및 복지 정책에 대해서 여당과 여러 야당이 가지고 있는 관점들을 지켜본다. 더불어, 경제 뉴스도 시청한다. 부동산 시장과 증권 시장의 동향에 대한 뉴스를 매우 관심 있게 본다. 마지막으로, 외국과의 외교 관계 등 각종 세계 현안들에 대한 뉴스도 챙겨 본다.

특히 요즘은 한반도 비핵화를 위한 외교적 노력들이 진행되고 있어서, 이 사안에 대한 이슈들을 자주 접하게 된다. 전 세계에서 일어나는 이런저런 일들에 관심을 가지고 뉴스를 보는 것은 중요한 것 같다.

SPEECH PRACTICE

I am interested in various news topics. I tune in to traditional TV news channels to hear about current events. It's become easy to 160 keep up with the news by phone, since particular news stories are often edited as video and posted online.

Among domestic issues, I 161 pay close attention to political news. I keep tabs on the ideas of the ruling and opposition parties on the government's economic and welfare policies. I also watch financial news. I am very interested in current trends of the real estate market and the stock market. Finally, I also watch news about foreign affairs, including diplomatic ties with other countries.

Diplomatic efforts to denuclearize the Korean peninsula are underway, so I see related issues very often. I think it's important to watch the news, and to keep up interest in 162 goings-on around the world.

KEY EXPRESSIONS

tune in to ~을 시청하다, 청취하다
current events 시사 현안
keep up with the news 뉴스에 관심을 갖다
post online 인터넷에 올리다
domestic issues 국내 이슈
pay close attention to ~에 관심을 기울이다
current trends 최근 동향
real estate market 부동산 시장
foreign affairs 해외 이슈
diplomatic ties with ~와의 외교 관계
the Korean peninsula 한반도
underway 진행 중인
related issues 관련 이슈
keep up interest 관심을 유지하다
goings-on 이런저런 일

160 keep up with the news 뉴스에 관심을 갖다

It's become easy to keep up with the news by phone.
언제든지 핸드폰으로 뉴스를 쉽게 시청할 수 있게 되었다.

I have been so busy that I haven't been able to keep up with the news.
너무 바빠서 뉴스에 관심을 기울일 겨를이 없었어.

I usually keep up with the news through social media.
나는 보통 SNS를 통해 뉴스를 접한다.

161 pay close attention to ~에 관심을 기울이다

I pay close attention to political news.
정치 뉴스를 눈여겨본다.

If you don't pay close attention to what you are doing, you might get hurt.
주의를 기울여 하지 않으면 다칠 수도 있어.

You should pay close attention to this chapter, since it is very important.
이번 장은 아주 중요하니 특별히 관심을 기울이도록 해.

162 goings-on 이런저런 일

I think it's important to know about goings-on around the world.
전 세계에서 일어나는 이런저런 일들에 대해 알고 있는 것이 중요한 것 같다.

My friend told me about the goings-on in our hometown.
친구가 고향의 이런저런 소식들을 전해줬다.

She knows about all the goings-on around the office.
회사 내의 이런저런 소식에 대해서는 그녀가 잘 알아.

DIALOGUE PRACTICE

A Hey, did you see the news earlier? **I can't believe that happened**!

B Why, what was it? I was watching a movie, so I didn't hear any news.

A **They dropped a bombshell**. Everyone is talking about it.

B What was the story?

A **Look it up on the internet**.

A 야, 조금 전에 뉴스 봤어? 그런 일이 생기다니 믿을 수가 없어!
B 왜, 뭐였는데? 영화를 보느라 뉴스는 못 들었어.
A 엄청난 소식을 전했어. 모두가 그 얘기만 하고 있어.
B 무슨 뉴스였는데?
A 인터넷으로 찾아봐.

COMPOSITION PRACTICE

1 이 라디오 프로그램은 뉴스를 접할 수 있는 좋은 방법이야. (keep up with the news)

2 부모님이 하시는 말씀은 무엇이든 귀 기울여 듣는다. (pay close attention to)

3 전 세계 사람들이 한반도에 대해 관심을 갖고 있다. (the Korean peninsula)

4 집에 도착하면 남편에게 회사에서 있었던 일들에 대해 이야기해 준다. (goings-on)

ANSWERS
1. This radio program is a great way to **keep up with the news**.
2. I **pay close attention to** everything my parents say.
3. People all over the world are interested in **the Korean peninsula**.
4. When I get home, I tell my husband about the **goings-on** at the office.

DAY
55

Talent Competition Programs

오디션 프로그램

음원 55

Today's TOPIC

55th

전 세계적으로 출연자들 간에 경합을 벌여서 우승자를 가리는 형식의 프로그램이 많다. 이런 경쟁 프로그램들은 미국과 영국에서 시작되었지만, 대부분 유사한 방송의 형식을 갖추어 제작된다. 일반인 중에 천부적인 재능을 가진 인재를 발굴하는 오디션 프로그램 형식이다. 이런 대회의 우승자들은 많은 우승 상금을 받는다. 그리고 연예계에 데뷔하여 왕성한 활동을 하게 되는 경우도 많다.

시청자 입장에서 이런 방송의 매력은 본인이 직접 투표를 통해 참여할 수 있다는 것이다. 생방송 중에 문자를 보내서 지지할 수도 있다. 더불어, 해당 프로그램에 나온 음원을 구매하는 것도 본인이 원하는 출연자들을 지지하는 방법이다. 물론 심사위원들의 신랄한 심사평도 이런 방송을 보는 묘미 중의 하나이다. 그러나 무엇보다도, 아무도 알아주지 않았던 평범한 사람이 스타의 반열에 올라서는 감동 스토리가 가장 큰 매력이다.

SPEECH PRACTICE

All around the world, there's a bunch of TV programs in which contestants compete against each other to determine a winner. These talent competition programs originated in the States and the UK, but the bulk of them have a similar format. They are audition programs to find people with an 163 innate gift from the general public. The winners of these programs earn a small fortune in prize money. They make their debut in show business, and often become very active.

Viewers are drawn to these programs because they can 164 have a say by casting their own votes. They can text in during live broadcasts to show their support. Another way to 165 get behind the contestants they like is to buy music from the program. Biting criticism from the panel of judges is another fun part of these shows. However, the rags to riches stories of ordinary joes are the top draw.

KEY EXPRESSIONS

a bunch of 다수의
determine a winner 승자를 가리다
originate in ~에서 비롯되다
the States 미국
the bulk of ~의 대부분
innate gift 천부적인 재능
general public 대중
a small fortune 상당한 금액의 돈
prize money 상금
make one's debut 데뷔를 하다
show business 연예계
be drawn to ~에 끌리다
have a say 의견이 반영되다
cast a vote 투표를 하다
text in 문자를 보내다
show one's support 지지하다
get behind 지지하다
biting criticism 신랄한 비판
panel of judges 심사위원단
rags to riches 성공담
ordinary joe 평범한 사람
top draw 최고 매력

163 innate gift 천부적인 재능

There are audition programs to find people with an innate gift.
천부적인 재능을 가진 인재를 발굴하는 오디션 프로그램들이 있다.

She has an innate gift, but she doesn't practice enough.
그녀에게는 천부적인 재능이 있지만, 연습이 부족하다.

Most successful musicians have an innate gift.
대부분의 성공한 음악인은 천부적인 재능을 가지고 있다.

164 have a say 의견이 반영되다

Viewers like these programs because they can have a say.
시청자들은 본인의 의견이 반영되기 때문에 이런 프로그램을 좋아한다.

I didn't have a say when we decided where to eat.
어디서 식사를 할지 정할 때 내 의견은 반영되지 않았다.

If you want to have a say, you should vote.
의견이 반영되기를 원한다면 투표를 해야 해.

165 get behind 지지하다

Fans get behind the contestants they like by buying music from the program.
팬들은 해당 프로그램에 나온 음원을 구매함으로써 본인이 원하는 출연자들을 지지한다.

I listened to him, but I couldn't get behind his idea.
그의 말을 들어 봤지만, 그의 아이디어를 지지할 수 없었다.

Good leaders can convince people to get behind them.
훌륭한 리더들은 사람들이 자신을 지지하도록 설득할 수 있다.

DIALOGUE PRACTICE

A Hey, did you **watch last night's episode of** K-POP STAR?

B Of course! It's my favorite audition program. Who do you like?

A I like Jamie. **She's a stand-out**.

B I like Andrew more. He's **an amazing vocalist**.

A Yeah, I **got goose bumps** hearing him sing.

A 〈K-POP STAR〉 어젯밤 방송분 봤어?
B 당연하지! 내가 가장 좋아하는 오디션 프로그램인걸. 넌 누가 좋아?
A 난 제이미. 그녀가 아주 눈에 띄어.
B 난 앤드류가 더 좋아. 엄청난 가창력의 소유자인 것 같아.
A 맞아. 그 분 노래하는 거 듣다가 소름이 돋았어.

COMPOSITION PRACTICE

1 이 책을 읽어서 여러 가지 아이디어가 생각났다. (a bunch of)

2 타고난 재능은 없지만, 스포츠를 정말 좋아한다. (innate gift)

3 우리의 목표를 지지할 수 없다면, 오지 않아도 돼. (get behind)

4 평범한 사람이라도 누구든 할 수 있는 일이다. (ordinary joe)

ANSWERS
1. Reading this book gave me **a bunch of** ideas.
2. I don't have an **innate gift**, but I really love sports.
3. If you can't **get behind** our goal, you don't need to come.
4. It's a job that any **ordinary joe** could do.

DAY
56

음원 56

Reality TV Programs

리얼리티 TV 프로그램

Today's TOPIC

56th

요즘 한국에서 리얼리티 TV 프로그램이 매우 다양해지고 있습니다. 예전에는 리얼리티 노래 대회가 대부분이었습니다. 엄청나게 인기를 누렸지만, 그런 방송의 개수가 너무 많았습니다. 그 방송들은 조금씩 식상해지기 시작했습니다.

춤, 요리, 여행에 관한 새로운 리얼리티 TV 프로그램이 생겼습니다. 그것들 중에서 요즘 리얼리티 요리 프로그램이 아주 인기입니다. 어떤 요리 프로그램은 매우 높은 시청률을 기록합니다. 한 인기 프로그램에서 전문 요리사들이 사람들의 냉장고에 있는 평범한 재료들을 사용해서 요리를 하여 서로 경쟁합니다. 고를 수 있는 선택의 폭이 확실히 넓어졌습니다. 전반적으로 시청자들은 이런 새로운 리얼리티 TV 프로그램들을 즐겨 봅니다.

SPEECH PRACTICE

Reality TV programs are becoming very 166 **diverse** in Korea these days. In the past, they were mostly reality singing contests. They were extremely popular, but there were too many of them. They started to 167 **get a bit old**.

Now, there are new reality TV programs for dancing, cooking, or traveling. Among them, reality cooking programs are 168 **all the rage** these days. Some cooking shows get very high ratings. On one popular show, professional chefs compete against each other using ordinary ingredients in people's fridges. There are definitely more options to choose from. Overall, the viewers are enjoying these new reality TV shows.

KEY EXPRESSIONS

diverse 다양한
reality singing contest 리얼리티 노래 대회
get a bit old 조금 식상해지다
reality cooking program 리얼리티 요리 프로그램
all the rage 엄청난 인기
get very high ratings 높은 시청률을 기록하다
professional chef 전문 요리사
ordinary ingredient 평범한 재료
more options to choose from 더 넓은 선택의 폭

166 diverse 다양한

Reality TV programs are becoming very diverse in Korea these days.

요즘 한국에서 리얼리티 TV 프로그램이 매우 다양해지고 있습니다.

It's nice that we can watch diverse TV programs these days.

요즘 다양한 TV 프로그램을 볼 수 있어서 정말 좋다.

The country has a diverse geography.

그 나라는 다채로운 지형적 특징을 가지고 있다.

167 get a bit old 조금 식상해지다

They started to get a bit old.

그 방송들은 조금씩 식상해지기 시작했습니다.

The format is starting to get a bit old.

그 형식이 조금 식상해지기 시작했다.

Eating only the food at the cafeteria is getting a bit old.

구내식당 음식만 먹기가 조금 식상해졌다.

168 all the rage 엄청난 인기

Reality cooking programs are all the rage these days.

요즘 리얼리티 요리 프로그램이 아주 인기입니다.

Mobile games are all the rage among teenagers.

청소년들 사이에서 모바일 게임이 매우 유행이다.

Organic foods are all the rage nowadays.

요즘 유기농 음식이 큰 인기이다.

DIALOGUE PRACTICE

A What are you watching? **Anything interesting on**?

B Oh, this is one of my favorite shows.

A **Is it fun to watch**?

B Yeah, **that show makes me crack up**.

A Ooh, then I want to watch it too.

A 뭐 보고 있니? 뭐 재미있는 거 해?
B 아, 이거 내가 가장 좋아하는 프로그램 중 하나야.
A 재미있어?
B 응, 정말 배꼽 잡고 웃게 만들어.
A 오, 그럼 나도 볼래.

COMPOSITION PRACTICE

1 이 컨벤션 센터에서 다양한 문화 행사가 열린다. (diverse)

2 이 색상은 이제 조금 식상한 것 같아. (get a bit old)

3 요즘 탄산수가 엄청난 인기를 끌고 있다. (all the rage)

4 인기 있는 프로그램들은 높은 시청률을 기록한다. (get very high ratings)

ANSWERS
1. **Diverse** cultural events take place at this convention center.
2. I think this color is **getting a bit old**.
3. Carbonated water is **all the rage** these days.
4. Popular programs **get very high ratings**.

DAY
57

Old TV Dramas

음원 57

예전 TV 드라마

Today's TOPIC

57th

유튜브를 보다 보면, 과거에 즐겨 봤던 옛날 인기 드라마 영상들이 올라와 있는 경우가 많다. 한때 내 삶을 즐겁게 해 주고, 내가 스트레스를 푸는 데 도움을 줬던 드라마들이다.

학창 시절 그 드라마들이 방영되는 시간이 가까워지면, 설레는 마음으로 기다렸던 기억이 난다. 정말 향수를 자극하는 드라마들이다. 그래서 나도 모르게 인터넷에 올라온 영상들을 보며 추억에 젖기도 한다. 시간 가는 줄 모르고 보게 된다.

그런데 그 드라마들에 나오는 배우들 중에는 이제 볼 수 없는 배우들이 있다. 당시에는 그들이 영원히 TV에 나올 것 같은 느낌이 들었다. 그런 명배우들을 지금은 보지 못하는 것이 아쉬울 때가 많다.

SPEECH PRACTICE

When browsing through YouTube, I often see videos of popular old TV shows that I used to like. There was a time when the shows entertained me, and helped me blow off steam.

I remember the sense of anticipation I felt as a student when it was almost time for the shows to air on TV. The old drama series really bring me back. When I watch the videos online, I 169 reminisce about the past. I 170 lose track of the time as I watch them.

Some of the stars of those old drama series are not around anymore. Back then, we 171 took it for granted that they would always be on TV. I often think it's a shame that we can't see such distinguished actors anymore.

KEY EXPRESSIONS

browse through
둘러보다, 인터넷 서핑을 하다
blow off steam 스트레스를 풀다
sense of anticipation 기대감
air on TV 방송되다
bring someone back
옛 추억을 떠올리게 하다

reminisce about 추억하다
lose track of the time 시간 가는 것을 잊다
be not around 더 이상 볼 수 없다
take it for granted 당연하게 생각하다
be on TV 방송에 출연하다
it's a shame 아쉽다, 안타까운 일이다
distinguished actors 명배우

169 reminisce about 추억하다

When I watch the videos online, I reminisce about the past.

인터넷에 올라온 영상들을 보며 추억에 젖기도 한다.

When we meet, we usually reminisce about the good old days.

우리는 만나면 주로 좋았던 옛 시절을 회상한다.

The older I get, the more I reminisce about the past.

나이가 들수록 과거를 추억하는 일이 많아지는 것 같아.

170 lose track of the time 시간 가는 것을 잊다

I lose track of the time when I watch video clips.

나는 영상을 보면 시간 가는 줄 모르게 된다.

I was having so much fun that I lost track of the time.

어찌나 재미있었는지 나는 시간 가는 줄도 몰랐다.

I lost track of the time while I was taking the test.

시험을 보면서 시간 관리를 제대로 못 했어.

171 take it for granted 당연하게 생각하다

We took it for granted that they would always be on TV.

당시에는 그들이 영원히 TV에 나올 것 같은 느낌이 들었다.

I took it for granted that my parents would always be there for me.

부모님께서 항상 내 곁에 있어 주실 거라고 너무 당연하게 생각했다.

You should not take it for granted and be more thankful.

당연하게 생각하지 말고 감사한 줄 알아야 해.

DIALOGUE PRACTICE

A What are you watching?

B Oh, it's a TV show that I **was into** when I was in middle school.

A Yeah? Why are you **re-watching it** now?

B Because somebody **uploaded it** on the internet.

A I guess it **reminds you of old times**.

A 뭘 그렇게 열심히 보는 거야?
B 아, 이거 내가 중학교 때 정말 재미있게 봤던 TV 드라마야.
A 그래? 그것을 왜 지금 다시 봐?
B 인터넷에 올라와 있어서 보고 있어.
A 옛 추억이 생각나는구나.

COMPOSITION PRACTICE

1 이제 와서 과거를 회상한다고 너한테 도움이 되지는 않아. (reminisce about)

2 나는 책을 읽을 때마다 시간 가는 줄도 모르게 된다. (lose track of the time)

3 그것을 너무 당연하게 생각하면 안 되는 것 같아. (take it for granted)

4 나는 어렸을 때 그 그룹에 푹 빠져 있었다. (be into)

ANSWERS
1. **Reminiscing about** the past will not help you now.
2. I always **lose track of the time** when I read books.
3. I do not think you should **take it for granted**.
4. I **was** really **into** that group when I was a kid.

DAY
58

음원 58

Radio

라디오

Today's TOPIC

58th

요즘은 수많은 방송 매체가 존재합니다. 그야말로 플랫폼 전성시대입니다. 이러한 환경에서 라디오는 뭔가 진보된 느낌을 주는 매체는 아닙니다. 그러나 라디오만의 매력이 있는 것은 분명합니다.

우선, 라디오 방송을 들으면서 진행자인 DJ와 공감할 수 있습니다. 그리고 다른 청취자들과 강한 유대감도 형성됩니다. 또한 라디오는 귀로 들으면 되기 때문에 다른 일과 병행이 가능합니다. 운전이나 집안일, 또는 업무를 하면서도 들을 수 있어서 좋습니다.

때로는 지친 저녁에 라디오에서 흘러나오는 노래 한 곡으로 위로를 받기도 합니다. 라디오가 오래된 미디어라고 하지만, 아날로그 감성의 매력은 어떤 미디어와도 비교할 수 없을 것입니다. 앞으로도 라디오가 세상의 급격한 변화 속에서도 고유한 역할을 하리라 믿습니다.

SPEECH PRACTICE

These days, there are countless types of broadcast media. It's 172 a golden age of media platforms. In this kind of setting, radio doesn't seem very advanced. But radio clearly has its own unique charm.

First, you can relate to the DJ when you tune in to a radio show. You can also 173 bond with the other listeners. Plus, you only need your ears to listen to the radio, so you can multitask. It's nice to be able to listen when you're driving, doing household chores, or even working.

Sometimes, when I feel drained at night, hearing a song on the radio is enough to cheer me up. Radio is an old medium, but its 174 analog charm really stands alone. I believe that radio will keep its role, even as the world undergoes rapid changes.

KEY EXPRESSIONS

countless 수없이 많은
broadcast media 방송 매체
a golden age of ~의 전성기
its own unique charm 고유의 매력
relate to ~와 공감하다
tune in to a radio show 라디오 방송을 청취하다
bond with ~와 유대감을 형성하다
multitask 동시에 여러 일을 하다
do household chores 집안일을 하다
feel drained 지치다
cheer someone up 위로하다, 격려하다
analog charm 아날로그 감성, 매력
stand alone 독보적이다
keep its role 역할을 하다
undergo rapid changes 급격한 변화를 겪다

172 a golden age of ~의 전성기

It's a golden age of media platforms.
그야말로 플랫폼 전성시대입니다.

It's a golden age of subscription services these days.
요즘은 구독 서비스의 전성기다.

We live in a golden age of information.
우리는 정보의 바다 속에 살고 있다.

173 bond with ~와 유대감을 형성하다

You can bond with the other listeners when you tune in to a radio show.
라디오 방송을 들으면서 다른 청취자들과 강한 유대감이 형성됩니다.

I wish I had more time to bond with my kids.
아이들과 유대감을 형성할 시간이 더 많았으면 좋겠다.

We really bonded with each other during that project.
그 프로젝트를 수행하면서 우리는 정말로 서로 끈끈한 유대감이 생겼다.

174 analog charm 아날로그 감성, 매력

Radio is an old medium, but its analog charm is unique.
라디오는 오래된 미디어지만, 나름대로의 독특한 아날로그 감성이 있다.

A new product is better, but it doesn't have that analog charm.
최신 제품이 더 낫긴 하지만, 그런 아날로그 매력은 가지고 있지 않아.

Cassette players have a certain analog charm.
카세트 플레이어는 독특한 아날로그 감성의 매력이 있다.

DIALOGUE PRACTICE

A Do you **tune in to** the radio a lot?

B Sure. I always **have it playing** when I **am at the wheel**!

A I sent a **personal story** to a live radio program yesterday, and they **read it on air**.

B Really?

A Yeah. I **was over the moon**!

A 라디오 자주 듣니?
B 응. 난 운전할 때 항상 들어!
A 나 어제 생방송 라디오 프로그램에 사연 보냈는데, 소개되었어.
B 정말?
A 응. 기분이 너무 좋았어!

COMPOSITION PRACTICE

1 그 10년은 디스코 음악의 전성기였다. (a golden age of)

2 나는 아들과 부자간의 유대감을 키우며 주말을 보냈다. (bond with)

3 LP 플레이어는 불편하지만, 아날로그 감성의 매력이 있다. (analog charm)

4 네가 시끄러운 음악을 틀어 놓으면 내가 생각을 할 수가 없어. (have something playing)

ANSWERS 1. That decade was **a golden age of** disco music.
2. I spent the weekend **bonding with** my son.
3. LP players are inconvenient, but they have an **analog charm**.
4. I can't think when you **have loud music playing**.

DAY
59

Stars in the Entertainment Industry 연예계 스타

음원 59

Today's TOPIC

59th

연예계 스타는 다양하다. 가수, 개그맨, 배우, 방송인 등 다양한 스타가 있다. 이러한 스타들은 대중들의 관심을 받으며 인지도를 얻게 된다. 이미지가 좋은 연예인들은 팬들로부터 많은 사랑과 지지를 받는다. 이 호감도로 인해서, 광고에도 많이 출연한다. 요즘은 유튜브에서 많은 구독자를 보유하고 있는 사람들이 스타의 반열에 동참하고 있다.

내가 연예인을 막 좋아하는 건 10대 때가 마지막일 거라고 생각했었다. 그랬던 내가 최근에 한 밴드에 푹 빠지게 되었다. 평소처럼 무심코 TV 채널을 돌리다가 그들이 공연하는 모습을 보았다. 그 순간 말로 표현할 수 없는 감동이 밀려왔다. 두 명의 보컬의 감미로운 목소리가 정말 좋았다. 더불어, 함께 조화를 이루는 악기 연주도 환상적이었다. 첼로가 밴드 음악과 어울리지 않을 것이라는 편견을 완벽하게 깬 엄청난 무대였다.

SPEECH PRACTICE

There are many stars in the entertainment industry. Stars include singers, comedians, actors and TV personalities. They become famous based on public interest. Celebrities that have a good public image receive love and support from their fan base. Thanks to their likability, they appear in ads. These days, YouTubers with lots of subscribers have joined the ranks of celebrities and stars.

I thought I 175 was through with following celebrities after my teenage years. But recently, I have gotten into a band. I was 176 flipping through the channels when I saw them performing. I felt moved in a way I can't explain. I really liked the sweet voices of the two vocals. The instruments all came together fantastically. The performance 177 shattered my perception that cellos aren't fit for band music.

KEY EXPRESSIONS

comedian 개그맨
TV personalities 방송인
public interest 대중의 관심
good public image 좋은 공적 이미지
fan base 팬층
appear in 출연하다
join the ranks 반열에 오르다
be through with
~을 끝내다, 더 이상 ~하지 않다
teenage years 10대 시절
get into 푹 빠지다, 심취하다
flip through the channels
(무심코) 채널을 돌리다
feel moved 감동을 받다
come together 조화를 이루다
shatter one's perception 편견을 깨다

175 be through with ~을 끝내다, 더 이상 ~하지 않다

I thought I was through with following celebrities since my teenage years.

내가 연예인을 막 좋아하는 건 10대 때가 마지막일 거라고 생각했었다.

I thought after college, I would be through with studying.

대학 졸업 후 다시는 공부를 하지 않아도 될 줄 알았어.

Can you help me when you are through with that?

그거 다 끝나면 나 좀 도와줄 수 있어?

176 flip through the channels (무심코) 채널을 돌리다

I was flipping through the channels when I saw them performing

평소처럼 무심코 TV 채널을 돌리다가 그들이 공연하는 모습을 보았다.

Instead of flipping through the channels, go read a book.

채널만 돌려보지 말고 가서 책이라도 좀 봐.

After work, I like to flip through the channels for a while.

퇴근 후에는 한동안 TV를 보는 것을 좋아한다.

177 shatter one's perception 편견을 깨다

The performance shattered my perception that cellos aren't fit for band music.

첼로가 밴드 음악과 어울리지 않을 것이라는 편견을 완벽하게 깬 엄청난 무대였다.

The movie shattered my perception of what an action movie could be.

액션 영화가 어떤 것인지에 대한 편견을 깨버린 작품이었어.

The book shattered my perception of that person.

책을 읽고 그 사람에 대한 편견이 깨졌어.

DIALOGUE PRACTICE

A Did I tell you? I saw a famous actor yesterday at a restaurant.

B Really? He's so handsome! Did you take a picture with him?

A No, I couldn't ask. **I was too star-struck**.

B That's a shame. Did you at least **get his autograph**?

A No, **I didn't have a chance to**.

A 내가 말했던가? 나 어제 음식점에서 유명한 배우 봤어.
B 진짜? 완전 잘생겼잖아! 같이 사진 찍었어?
A 아니, 부탁하지도 못 했어. 연예인 앞이라 너무 긴장됐어.
B 그것 참 안됐네. 그래도 사인이라도 받았니?
A 아니, 그럴 수 있는 여유가 없었어.

COMPOSITION PRACTICE

1 그들은 가끔 내 꿈에 나타날 때가 있어. (appear in)

2 나쁜 버릇에 빠져들지 않도록 해. (get into)

3 나는 채널을 돌려보지 않고, 대신 인터넷으로 영상을 본다. (flip through the channels)

4 강의가 나의 세계관을 흔들었다. (shatter one's perception)

ANSWERS
1. They sometimes **appear in** my dreams.
2. Don't let yourself **get into** bad habits.
3. Instead of **flipping through the channels**, I watch videos online.
4. The class **shattered my perception** of the world.

DAY 60

AI Chatbot ChatGPT

음원 60

인공지능 챗봇 챗GPT

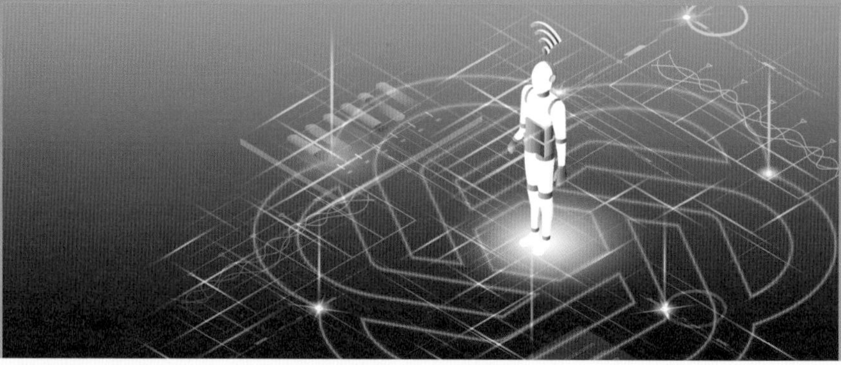

Today's TOPIC

60th

인공지능을 기반으로 만들어진 최첨단 언어 모델인 ChatGPT가 화제이다. 수많은 분야에 활용이 되면서, 특히 영어 공부와 같은 언어 학습 영역에서 게임 체인저 역할을 하고 있다.

ChatGPT로 영어 대화를 하면서 영어 능력을 자연스럽게 향상할 수 있다. 정기적인 소통은 학습자가 자신의 영어 능력에 더욱 자신감을 갖도록 도와줄 수 있다.

더불어, ChatGPT는 각종 영어 표현의 뜻, 차이, 유래 등에 대해서도 시원한 설명을 해 준다. 그리고 대신해서 영어 글을 써 주거나, 첨삭을 해 주기도 한다.

ChatGPT는 영어 학습자에게 없어서는 안 될 귀중한 도구라고 볼 수 있다. 이를 활용하는 학습자와 사용하지 않은 학습자의 영어 공부 효율은 앞으로 큰 차이가 날 것 같다.

SPEECH PRACTICE

ChatGPT, a 178 state-of-the-art language model based on artificial intelligence, is gaining attention. It is being used in various fields, and it is especially acting as 179 a game-changer in the areas of language learning, such as English studies.

By having conversations in English with ChatGPT, people can naturally improve their English skills. Regular interaction can help learners gain more confidence in their English abilities.

Furthermore, ChatGPT 180 provides clear explanations about the meanings, differences, and origins of various English expressions. It can also write English text on your behalf or provide proofreading assistance.

ChatGPT can be considered an invaluable tool for English learners. In the future, there might be a significant difference in the efficiency of English studies between learners who use this tool and those who do not.

KEY EXPRESSIONS

state-of-the-art 최첨단의
language model 언어 모델
gain attention 화제가 되다
various fields 다양한 분야
a game-changer 상황을 뒤엎는 혁신
have a conversation in English 영어로 대화하다
improve one's English skills 영어 능력을 키우다
regular interaction 정기적인 소통
gain more confidence 자신감을 얻다
provide clear explanations 명확한 설명을 해 주다
meanings, differences, and origins 뜻, 차이, 유래
on one's behalf ~을 대신해서
proofreading assistance 첨삭 지원
be considered ~으로 여겨지다
invaluable tool 귀중한 도구
a significant difference 상당한 차이

PATTERN
PRACTICE

178 state-of-the-art 최첨단의

ChatGPT is a state-of-the-art language model based on artificial intelligence.

ChatGPT는 인공지능을 기반으로 만들어진 최첨단 언어 모델이다.

The new phone has a state-of-the-art camera.

새로 나온 휴대폰에는 최첨단 카메라가 장착되어 있다.

All of the appliances in the house are state-of-the-art.

집안의 모든 가전제품이 최신 제품이다.

179 a game-changer 상황을 뒤엎는 혁신

It is acting as a game-changer areas of language learning, such as English studies.

영어 공부와 같은 언어 학습 영역에서 게임 체인저 역할을 하고 있다.

I didn't know that smartphones would become such a game-changer.

나는 스마트폰의 영향력이 그렇게 커질 거라고 생각하지 못했다.

The new software is a game-changer in my field of work.

그 소프트웨어는 내가 일하는 분야를 크게 흔들 정도의 엄청난 혁신이다.

180 provide clear explanations 명확한 설명을 해 주다

ChatGPT provides clear explanations about various English expressions.

ChatGPT는 각종 영어 표현에 대해 시원한 설명을 해 준다.

The manual doesn't provide clear explanations.

사용 설명서에 명확한 설명이 나와 있지 않다.

Their website provides clear explanations if you have any questions.

문의 사항이 있으면 웹사이트에 명확한 설명이 제공되고 있다.

DIALOGUE PRACTICE

A Do you **make use of** ChatGPT often?

B Sure, I **use it almost daily**.

A Me, too. I'm sometimes amazed by how much it talks just like **a real-life person**.

B It's **hugely helpful** for English studies, too.

A Sure. I love that it can explain things I couldn't understand using just a dictionary.

A ChatGPT 자주 사용해?
B 응, 거의 매일 사용하지.
A 나도 그래. 정말 사람처럼 말해서 깜짝 놀라는 경우가 있어.
B 영어 공부에도 엄청 도움이 돼.
A 맞아. 사전으로 해결이 안 되던 것들을 다 알려 주니 너무 좋아.

COMPOSITION PRACTICE

1 자동차에 최첨단 안전 장비가 구비되어 있다. (state-of-the-art)

2 그 플랫폼은 크리에이터들에게 큰 변화를 몰고 온 혁신이었다. (a game-changer)

3 내가 명확하게 설명해 주기에는 충분히 잘 알지 못해. (provide clear explanations)

4 여전히 진짜 사람만이 할 수 있는 일들이 있다. (a real-life person)

ANSWERS
1. The car has **state-of-the-art** safety equipment.
2. The platform became **a game-changer** for content creators.
3. I don't know enough to **provide clear explanations**.
4. There are still things only **a real-life person** can do.

PATTERNS PRACTICE

입이 트이는 영어 핵심 패턴

180

본문의 핵심 패턴 180개를
말하기 연습용으로 모아 두었습니다.
한국어를 보고 영어로 바로 말하는,
순간 말하기 훈련에 활용해 보세요.

DAY 01 Multiple Hobbies 취미 부자

001 pursue a hobby 취미 생활을 하다

제 삶의 가장 큰 변화라고 할 수 있는 것은 취미 생활을 하는 방식입니다.	The biggest change in my life has been the way I **pursue hobbies**.
요즘은 인터넷 덕분에 취미 생활을 하기가 훨씬 쉬워졌다.	It's much easier to **pursue a hobby** these days because of the internet.
취미 생활을 할 시간이 더 있었으면 좋겠다.	I wish I had more time to **pursue a hobby**.

002 at-home workout 홈 트레이닝

이제는 혼자서 산책하고, 집에서 홈 트레이닝 하는 게 전부입니다.	All I do now is go for walks alone and do **at-home workouts**.
코로나19 팬데믹 기간에는 홈 트레이닝이 하나의 대세였다.	**At-home workouts** were the norm during the COVID-19 pandemic.
이것은 내가 홈 트레이닝 할 때 보는 가장 좋아하는 유튜브 채널이다.	This is my favorite YouTube channel for **at-home workouts**.

003 start out with ~으로 시작하다

처음에는 미니 선인장으로 시작했지만, 이제는 제법 큰 식물도 많아졌습니다.	I **started out with** mini cactuses, but now I also have some plants that are pretty big.
그녀는 무일푼으로 시작했지만, 이제는 사장이 되었다.	She **started out with** nothing, but she's a business owner now.
처음에는 쉬운 것부터 시작하는 것이 좋다.	You should **start out with** something easy at first.

DAY 02 Outdoor Activities 야외 활동

004 work up a sweat 운동하다

운동하려고 공원에 방문하는 사람들이 있다.	Some people visit parks to **work up a sweat**.
운동할 때 음악 듣는 것을 좋아한다.	I like to listen to music when I **work up a sweat**.
운동하기 전에 몸을 푸는 것이 중요하다.	Before **working up a sweat**, it's important to stretch.

005 get some exercise 운동하다

공원을 산책하며 운동을 좀 했다.	We took a walk around the park to **get some exercise**.
운동을 해야 하는데, 도무지 시간이 안 나.	I need to **get some exercise**, but I don't have time.
운동할 겸 보통은 걸어서 출근한다.	To **get some exercise**, I usually walk to work.

006 get some sun 볕을 쬐다

공원에 우리처럼 나와서 햇볕을 쬐는 사람이 많았다.	A lot of people at the park were **getting some sun** like us.
볕을 좀 쬐고 싶었는데, 하루 종일 비가 왔다.	I wanted to **get some sun**, but it rained all day.
지난겨울에는 햇볕을 쬐려고 태국으로 여행을 갔다.	We traveled to Thailand to **get some sun** last winter.

DAY 03 Taking Selfies 셀카 촬영

007 hold on to 간직하다

사람들은 소중한 추억을 간직하고 싶어 한다.	People want to **hold on to** precious memories.
그 조언을 항상 간직해 왔다.	I have always **held on to** that advice.
매우 귀중한 물건이니, 잘 간직하도록 해.	It's a very precious item, so you should **hold on to** it.

008 wherever they are 어디서든, 장소에 구애받지 않고

셀카를 좋아하는 사람들은 장소에 구애받지 않고 셀카를 찍는다.	People who like selfies take them **wherever they are**.
그들은 이 앱을 사용하면 어디서든 음식을 시켜 먹을 수 있어.	You can order delivery **wherever they are** using this app.
그들은 어디서든 그를 믿을 수 있어.	They can rely on him **wherever they are**.

009 selfie stick 셀카봉

셀카봉 같은 주변 기기를 이용하면 셀카를 찍기가 더 쉬워진다.	Using peripherals like **selfie sticks** makes it easier to take selfies.
이 셀카봉은 리모컨으로 사용할 수도 있어.	This **selfie stick** has a remote control.
나 셀카봉을 충전해야겠어.	I need to charge my **selfie stick**.

DAY 04 Decorating a Room 방 꾸미기

010 pull the plug on 중단하다, 취소하다

사람들은 해외여행 같은 제대로 된 휴가 계획을 다 취소했다.	People **pulled the plug on** proper vacation plans like traveling overseas.
그들은 비용 문제로 인해 재설계 계획을 취소했다.	They **pulled the plug on** the redesign because of the cost.
우리는 프로젝트를 중단할 수밖에 없었다.	We had to **pull the plug on** the project.

011 nail down 확정하다

본인이 원하는 방의 분위기를 정해야 한다.	You should start by **nailing down** what kind of atmosphere you want.
우리는 색깔은 확정했는데, 아직 디자인은 선택하지 못했다.	We've **nailed down** the color, but we still haven't chosen a design.
그 일을 할 날짜를 아직 확정하지 않았다.	I still haven't **nailed down** a date to do that.

012 set the mood 분위기를 조성하다

조명을 통해 공간에 감성을 더해 줄 수 있다.	You can **set the mood** with the lighting.
나는 음악을 좀 틀어서 분위기를 잡아보려고 했다.	I tried to **set the mood** by turning on some music.
아이들이 뛰어다니는데 감성적인 분위기를 조성하기는 힘들다.	It's hard to **set the mood** with kids running around.

DAY 05 Board Games 보드게임

013 be on the rise 상승 중이다

보드게임은 한국에서 점점 인기를 더해가고 있다.	The popularity of board games **is on the rise** in Korea.
그 가수의 인기가 상승 중이야.	The singer's popularity **is on the rise**.
결혼을 안 한 사람의 수가 늘고 있다.	The number of single people **is on the rise**.

014 family-friendly 가족 친화적인

보드게임은 매우 가족 친화적이다.	Board games are very **family-friendly**.
이 영화는 가족이 함께 보기에 적절합니까?	Is this movie **family-friendly**?
이 음식점은 가족이 함께 가기에 매우 좋다.	This is a very **family-friendly** restaurant.

015 get competitive 경쟁심이 발동하다, 승부욕이 생기다

보드게임을 하다 보면 경쟁심이 발동할 수도 있다.	People can **get competitive** when playing board games.
승부욕이 지나치게 발동되면 재미가 떨어져.	It won't be as fun if you **get** too **competitive**.
친선 경기였지만 승부욕이 고조되었다.	It was a friendly match, but it **got competitive**.

DAY 06 Writing in Diaries 일기 쓰기

016 jot down 간단히 메모하다, 적어 놓다

그저 방문한 장소나 함께한 사람들을 간단히 기록해 두는 정도였습니다.	I just **jotted down** the people I met or the places I visited.
필기를 해 두기를 잘했다는 생각이 든다.	I'm glad I remembered to **jot down** notes.
메모를 해 놓은 종잇조각을 잃어버렸다.	I lost the piece of paper where I **jotted down** the note.

017 consider it a success 성공이라 여기다

1년 전, 5년 전, 또는 10년 전 같은 날보다 오늘의 내가 더 행복하다면 성공이라고 봅니다.	If I am happier today than I was on the same day 1, 5, or 10 years ago, I **consider it a success**.
조금 짰지만, 성공적인 요리라고 생각했다.	It was a bit salty, but I **considered it a success**.
그는 1등이 아니면 성공이라 여기지 않는다.	He doesn't **consider it a success** unless he finishes first.

018 make strides 발전하다

조금 더 행복해지기 위해 충실히 살아보고자 합니다.	I'll do my best to **make strides** and become happier.
그는 짧은 기간 동안 정말 크게 발전했다.	He really **made strides** in a short period of time.
우리 사업이 올해 잘되기를 바란다.	I hope that our business will **make strides** this year.

DAY 07 Homemade Coffee 집에서 만든 커피

019 regardless of time and place 시간과 장소를 가리지 않고

시간과 장소에 구애받지 않고, 즐기고 싶은 커피와 차를 마실 수 있다.
You can drink coffee and tea as you like, **regardless of time and place.**

스마트폰 덕분에, 나는 시간과 장소를 가리지 않고 뉴스를 읽을 수 있다.
Thanks to my smartphone, I can read the news **regardless of time and place.**

한국에서는 시간과 장소에 상관없이 항상 인터넷 접속이 가능하다.
There is always internet access in Korea, **regardless of time and place.**

020 depending on your taste 취향에 따라

취향에 따라 다양한 원두를 선택할 수 있다.
You can choose from various beans **depending on your taste**.

기호에 따라 커피에 크림이나 설탕을 첨가할 수 있다.
You can add cream or sugar to your coffee, **depending on your taste**.

취향에 따라 색깔을 변경할 수도 있다.
You can change the color **depending on your taste.**

021 put up with ~을 감수하다, 감내하다

직접 커피를 추출해야 하는 번거로움만 감수할 수 있다면, 핸드드립 커피가 최고다.
If you can **put up with** having to extract your coffee yourself, pour-over coffee is the best.

부모들은 많은 것을 감내해야 한다.
Parents have to **put up with** a lot.

나는 더 이상 소음을 견뎌 내지 못할 지경이 됐다.
I couldn't **put up with** the noise any longer.

DAY 08 Enjoying Wine 와인 즐기기

022 feel self-conscious 민망하다, 주변이 의식되다

그저 바라보기 민망하면 잔의 베이스에 손을 대고 있으면 됩니다.
If you **feel self-conscious** to just look on, you can place your hand on the base of the glass.

나는 새 옷을 입을 때마다 주변의 시선을 의식하게 된다.
I **feel self-conscious** whenever I wear new clothes.

친구들이 너무 시끄러워서 민망했다.
My friends were so noisy that I **felt self-conscious.**

023 clink glasses 잔을 마주치다

건배를 할 때는 잔의 볼록한 중간 부분을 가볍게 부딪쳐 줍니다.
When you **clink glasses** to drink a toast, you should lightly tap the bowls together.

우리는 아무 말도 없이 건배를 했다.
We **clinked glasses** without saying anything.

장례식장에서 건배를 하는 것은 예의에 어긋난다.
It's rude to **clink glasses** at a funeral.

024 be a no-no 매너에 어긋나다, 금지되다

와인을 원샷하는 것은 매너가 아닙니다.
Chugging down wine **is a no-no**.

젓가락을 밥에 꽂는 것을 금기시하는 집안도 있다.
Sticking your chopsticks in rice **is a no-no** in some households.

살을 빼려면 늦은 시간에 뭘 먹는 것은 삼가야 한다.
Eating late at night **is a no-no** if you want to lose weight.

DAY 09 Reading Storybooks to Children 아이에게 그림책 읽어 주기

025 come in all shapes and sizes 각양각색이다

그림책은 모양과 크기가 각각 다르다.	Storybooks **come in all shapes and sizes**.
스마트폰이 생기기 전에는 휴대 전화의 형태가 각양각색이었다.	Before smartphones, mobile phones **came in all shapes and sizes**.
사람들은 누구나 외모가 다르다.	People **come in all shapes and sizes**.

026 beside the point 핵심이 아닌, 그리 중요하지 않은

어쩌면 그림책을 얼마나 잘 읽어 주느냐 하는 것은 중요하지 않을지도 모른다.	Maybe how well I read the book is **beside the point**.
당신의 이의는 핵심에서 벗어난 것이다.	Your objection is **beside the point**.
이기는지 지는지는 중요한 것이 아니다.	Whether you win or lose is **beside the point**.

027 make eye contact 눈을 마주치다

중요한 것은 아이와 눈을 마주치는 것이다.	What's important is to **make eye contact** with the kids.
우리 개는 뭔가 잘못하면 눈을 마주치지 않는다.	My dog doesn't **make eye contact** when she does something wrong.
면접을 볼 때는 반드시 눈을 마주쳐야 한다.	You should remember to **make eye contact** during an interview.

DAY 10 Cooking 요리하기

028 not know the first thing about ~에 대해 전혀 모르다

요리에 대해 전혀 몰랐습니다.	I **didn't know the first thing about** cooking.
나는 캠핑에 대해 전혀 아는 것이 없다.	I do **not know the first thing about** camping.
나는 도움을 주고 싶지만, 투자 방면에는 전혀 문외한이다.	I'd like to help, but I do **not know the first thing about** investing money.

029 in high spirits 의욕적으로, 기쁜 마음으로

의욕적으로 첫 요리를 시작했습니다.	I started cooking for the first time **in high spirits**.
우리는 처음엔 가벼운 마음으로 시작했지만, 이내 지쳐버렸다.	We started **in high spirits**, but soon became tired.
그는 아직 입원 중이지만, 의욕이 넘치고 있다.	He's still in the hospital, but he is **in high spirits**.

030 prep the ingredients 재료 손질을 하다

재료를 준비할 때부터 곧바로 문제가 생겼습니다.	I had problems right away while **prepping the ingredients**.
밀키트를 구입하면 재료 손질을 할 필요가 없다.	If you get a meal kit, you don't need to **prep the ingredients**.
이 조리법의 가장 어려운 부분은 재료 손질이다.	**Prepping the ingredients** is the most difficult part of this recipe.

DAY 11 Going to the Libraries 도서관 가기

031 there is a/no charge 요금이 있다/없다

시(市)에서 운영하는 도서관이어서, 무료로 이용할 수 있다. | Since the library is managed by the city, **there's no charge**.

어린아이들은 요금을 지불하지 않아도 된다. | **There is no charge** for younger children.

두 시간 이상 있으면 요금이 붙어. | **There is a charge** if you stay longer than two hours.

032 due-date 기한, 만기일

책을 대출하면 반납 날짜에 맞춰 반납해야 한다. | When I borrow a book, I have to return it by the **due-date**.

기한에 맞춰 끝마치려고 늦게까지 깨어 있어야 했다. | I had to stay up late to finish by the **due-date**.

반납일에 책을 반납하는 것을 잊어버렸다. | I forgot to return the book by the **due-date**.

033 test-prep 시험공부

시험공부를 하는 학생들로 도서관이 꽉 찬다. | The library is full of students doing **test-prep**.

우리는 모두가 서로를 도우며 시험공부를 했다. | We all helped each other with **test-prep**.

요즘은 카페에서 시험공부를 하는 사람이 많다. | These days, lots of people do **test-prep** at cafés.

DAY 12 Learning to Dance 춤 배우기

034 perform a cover 남의 퍼포먼스를 따라 하다, 재해석하다

K-pop 안무를 커버하여 SNS에 영상을 올리는 사람도 많이 볼 수 있다. | Many people **perform covers** of K-pop choreography and post videos on social media.

그는 처음에 유튜브에서 다른 가수들의 노래를 따라 부르며 유명세를 탔다. | He first became famous by **performing covers** on YouTube.

대부분의 지원자가 오디션 때 남의 퍼포먼스를 따라 한다. | Most applicants **perform a cover** for their audition.

035 burn a lot of calories 칼로리를 많이 소모하다

격한 동작을 따라 하다 보면 칼로리가 많이 소모된다. | Copying the vigorous motions **burns a lot of calories**.

출퇴근을 도보로 하는 것만으로도 칼로리를 많이 소모할 수 있다. | You can **burn a lot of calories** simply by walking to and from work.

달리기를 하면 칼로리를 많이 소모하지만, 시간이 많이 소요된다. | Running **burns a lot of calories**, but it takes a lot of time.

036 in time with ~의 박자에 맞춰

처음엔 빠른 음악에 맞춰 몸을 움직이는 것이 쉽지 않았다. | It wasn't easy at first to move my body **in time with** fast-paced music.

이 게임은 음악의 박자에 맞춰 동작을 취해야 한다. | For this game, you need to move **in time with** the music.

우리는 노래의 박자에 맞춰 손뼉을 쳤다. | We clapped our hands **in time with** the song.

DAY 13 Fortune Telling 운세 보기

037 catch a glimpse of 엿보다

본인의 미래를 미리 가늠해 보기 위해서 한다. | They do it to **catch a glimpse of** their future.

팬들은 잠깐이라도 아이돌 스타를 엿보기 위해 밖에서 기다렸다. | Fans waited outside to **catch a glimpse of** the idol star.

이 발췌를 통해 책의 일부를 엿볼 수 있다. | You can **catch a glimpse of** the book in this excerpt.

038 at face value 있는 그대로

이 운세를 곧이곧대로 다 믿는 사람은 아무도 없다. | Nobody believes these fortunes **at face value**.

너무 고민하지 말고 그냥 있는 그대로 받아들여. | Instead of thinking too much, just take it **at face value**.

그가 하는 말은 있는 그대로 받아들여서는 안 된다. | You should never take what he says **at face value**.

039 hit the ground running 의욕적으로 시작하다

새해를 더욱 의욕적으로 시작하기 위해 하는 사람들도 있다. | Some people do it to **hit the ground running** in the new year.

휴가에서 돌아와서는 의욕적으로 일을 시작했다. | When I returned to work from my vacation, I **hit the ground running**.

의욕적으로 시작하기 위해 우리는 전날 밤에 일찍 잠들었다. | To **hit the ground running**, we slept early the night before.

DAY 14 Reading Comic Books 만화책 읽기

040 source of entertainment 오락거리

만화책을 읽는 것이 큰 오락거리 중의 하나였다. | Reading comic books was a big **source of entertainment**.

요즘은 모바일 게임이 인기 있는 오락거리이다. | Mobile games are a popular **source of entertainment** these days.

내가 가장 좋아하는 오락거리는 영화이다. | Movies are my favorite **source of entertainment**.

041 in one sitting 앉은 자리에서

앉은 자리에서 만화책 수십 권을 한꺼번에 읽었다. | I read dozens of comic books **in one sitting**.

앉은 자리에서 다 먹어버렸어. | I ate it all **in one sitting**.

앉은 자리에서 다 끝마치기에는 일이 너무 많아. | There's too much work to finish **in one sitting**.

042 be adapted into ~으로 각색하다, 제작하다

인기 작품은 TV 드라마나, 심지어 영화로 제작되기도 한다. | Popular works **are adapted into** TV series or even movies.

이 책이 영화로 제작되면 좋겠어. | I hope this book will **be adapted into** a movie.

TV 시리즈로 각색되기에는 이야기가 너무 짧아. | The story is too short to **be adapted into** a TV show.

043 out of the goodness of one's heart 선한 마음으로

'마을 학교 만들기'는 마을을 생각하는 엄마들의 따뜻한 마음을 모아서 시작하게 된 사업입니다.	Establishing 'village schools' is a project started by moms **out of the goodness of their hearts**.
우리는 사람들이 선한 마음으로 기증한 물건들을 판매했다.	We sold items people donated **out of the goodness of their hearts**.
나는 선한 마음으로 도움을 주겠다고 말했다.	I offered to help **out of the goodness of my heart**.

044 make full use of ~을 적극 활용하다

저희는 이러한 역량을 적극 활용하여 돌봄 선생님으로 활동합니다.	We **make full use of** these abilities to act as childcare instructors.
나는 매일 배우는 표현들을 적극 활용하려고 노력한다.	I try to **make full use of** the expressions I learn each day.
나는 모든 기능을 전부 활용할 줄은 모른다.	I don't know how to **make full use of** all the functions.

045 put what one has learned to good use 배운 것을 적극 활용하다

배운 것을 이렇게 좋은 일에 활용하고 나누니 참 뿌듯합니다.	**Putting what we've learned to good use** and sharing this way really makes me feel proud.
나는 요리 수업을 듣고, 배운 내용을 적극 활용했다.	After taking cooking lessons, I **put what I had learned to good use**.
네가 배운 것을 언제나 적극 활용할 수 있다.	You can always **put what you have learned to good use**.

DAY 16 Self-Development and Personal Growth 자기 계발과 성장

046 get cold feet 용기를 잃다, 망설이다, 포기하다

우리는 때로 하고 싶은 일이 있어도 포기한다.	Sometimes we **get cold feet** even when there's something we want to try.
그녀는 결혼식을 한 달 앞두고 마음이 바뀌었다.	She **got cold feet** a month before her wedding.
사람들은 보통 중요한 결정을 하기 전에 망설인다.	People usually **get cold feet** before making a big decision.

047 break out of one's comfort zone 안전지대를 벗어나다, 도전하다

우리가 성장하기 위해서는 안전지대를 벗어나도록 노력해야 한다.	In order to grow, we must try to **break out of our comfort zones**.
시험에 떨어지고 나서 오히려 안전지대를 벗어나 도전을 해 보게 되었다.	Failing the test made me **break out of my comfort zone**.
안전지대를 벗어나지 않고는 진정으로 성공할 수가 없다.	You can't really succeed without **breaking out of your comfort zone**.

048 put one's plans into action 계획을 실행으로 옮기다

우리는 스스로를 밀어붙여서 계획한 일들을 실행에 옮겨야 한다.	We have to push ourselves to **put our plans into action**.
계획을 실행으로 옮기지 않는다면 아무런 소용이 없을 것이다.	If you don't **put your plans into action**, they will be useless.
나는 너무 게을러서 계획을 실행으로 옮기지 못했다.	I was too lazy to **put my plans into action**.

DAY 17 Otium 심취형 취미 '오티움'

049 immerse oneself in ~에 몰입하다

오티움에 빠진 사람들은 외적 동기에는 관심이 없다.	People who **immerse themselves in** otium aren't interested in external factors.
나는 예전에 판타지 소설에 한창 심취했었다.	I used to **immerse myself in** fantasy novels.
일에 몰입하기에 좋은 환경이다.	It's a good environment to **immerse myself in** work.

050 motivated by financial profit 경제적 대가로 동기 부여를 받는

오티움에 빠진 사람들은 경제적 대가에 의해 움직이지 않는다.	People who immerse themselves in otium aren't **motivated by financial profit**.
대부분의 기업은 경제적 대가를 추구하고 있다.	Most companies are **motivated by financial profit**.
경제적 대가를 위해 행동하는 사람들에게는 적합하지 않은 일이다.	It's not a good job for people **motivated by financial profit**.

051 present new opportunities 새로운 기회를 제공하다

어쩌면 삶의 새로운 기회를 열어주는 방법이 될지도 모른다.	It can even be a way to **present new opportunities** in life.
건강을 개선하면 인생의 새로운 기회가 생기기도 한다.	Improving your health can **present new opportunities** in life.
우리는 이사하면 우리 가족에게 새로운 기회가 생길 거라고 기대했다.	We hoped that moving would **present new opportunities** for our family.

DAY 18 Work and Life Balance 워라밸

052 average work hours 평균 근로 시간

우리나라 근로자들의 평균 근로 시간은 매우 길다.	The **average work hours** for Korean workers are very long.
너희 회사는 평균 근로 시간이 어떻게 되니?	What are the **average work hours** at your company?
이 회사는 평균 근로 시간이 짧다.	The **average work hours** are short in this company.

053 balance between work and personal life 일과 사생활의 균형

나는 일과 개인 삶의 균형이 매우 중요하다고 생각한다.	I think a **balance between work and personal life** is very important.
일과 사생활의 균형은 건강에도 중요하다.	A **balance between work and personal life** is also important for your health.
그는 일과 사생활의 균형이 중요하다고 강조했다.	He emphasized the importance of a **balance between work and personal life.**

054 be more productive 더 생산적으로 일하다

충분한 휴식은 조금 더 생산적으로 일을 하게 해 준다.	Adequate rest helps people to **be more productive**.
일정을 적어 놓으면 더 생산적으로 일하는 데 도움이 될 수 있어.	Writing down your schedule can help you **be more productive**.
더 생산적으로 일하기 위해서는 충분히 자야 한다.	To **be more productive**, you should get plenty of sleep.

DAY 19 The "Miracle Morning" 미라클 모닝

055 at the crack of dawn 새벽 이른 시간에

미라클 모닝이란 아침 일찍 일어나 하루를 시작하는 것을 뜻한다.	The Miracle Morning refers to waking up **at the crack of dawn** to start your day.
우리 아들은 주말마다 새벽 이른 시간에 잠에서 깬다.	My son always wakes up **at the crack of dawn** on weekends.
우리는 새벽 이른 시간에 등산을 시작했다.	We started our hike **at the crack of dawn**.

056 a long day at work 긴(힘든) 하루 일과

하루 일과 후에 지친 상태로 뭔가를 시도하기는 매우 힘들다.	It's hard to do anything when you're tired after **a long day at work**.
나는 힘든 하루 일과를 마무리하고 맥주를 한잔 마시는 것을 즐긴다.	I like to drink a beer after **a long day at work**.
긴 하루 일과가 끝나면, 나는 누구와도 대화하고 싶지 않다.	After **a long day at work**, I don't want to talk to anyone.

057 physically demanding 체력적으로 힘든

매일 아침 일찍 일어나는 것이 체력적으로 힘든 경우도 있다.	Getting up early every morning is **physically demanding** sometimes.
탁구가 체력적으로 힘든 종목이라는 사실을 모르는 사람도 많다.	Many people don't realize that ping-pong is a **physically demanding** sport.
체력적으로 힘든 일은 아니지만, 정말 지루하다.	It's not a **physically demanding** job, but it's really boring.

DAY 20 Time Management 시간 관리

058 make the most of 최대한 활용하다

성공한 사람일수록 시간을 효율적으로 잘 쓰는 경우가 많다.	Most successful people **make the most of** their time.
이미 가지고 있는 것을 최대한 활용해 봐.	Try to **make the most of** what you already have.
여행을 최대한 즐기고 싶어.	I want to **make the most of** my trip there.

059 stick to a plan 계획을 따르다, 계획대로 하다

하루 24시간을 계획성 있게 보내는 것이 좋다.	It's good to **stick to a plan** during the 24 hours in a day.
제시간에 끝마치려면 계획대로 해야 해.	We need to **stick to the plan** to finish on time.
여행을 할 때 항상 계획을 짜서 그대로 하는 편은 아니다.	I don't always **stick to a plan** when I travel.

060 put off something 미루다

해야 하는 일을 뒤로 미루는 것을 싫어하는 성격이다.	I dislike **putting off things** I need to do.
너무 피곤해서 설거지를 미루고 안 했어.	I was so tired that I **put off washing** the dishes.
숙제를 미루고 안 하면 나중에 시간이 부족할 거야.	If you **put off doing** your homework, you won't have time later.

DAY 21 Me Time 혼자만의 시간

061 depending on one's mood 기분에 따라

기분에 따라 음악을 듣기도 하고, 글을 쓰거나, 책을 읽거나, 영어를 공부하기도 합니다.	**Depending on my mood**, I listen to music, write, read, or study English.
나는 기분에 따라 다양한 종류의 음악을 듣는다.	I listen to different types of music **depending on my mood**.
나는 기분에 따라 성격이 많이 달라지는 편이다.	My personality changes a lot, **depending on my mood**.

062 have time to oneself 혼자만의 시간을 보내다

나만의 시간을 가지면 스트레스가 풀립니다.	**Having time to myself** helps me ease stress.
나도 이제는 아빠라 혼자만의 시간이 거의 없다.	Now that I'm a dad, I rarely **have time to myself**.
누군가와 사귀고 있더라도 혼자만의 시간을 보낼 수 있어야 한다.	Even if you are dating someone, you need to **have time to yourself**.

063 get the day started 하루 일과를 시작하다

다음 날 즐거운 마음으로 하루를 시작할 수 있습니다.	I can **get the day started** the next morning with a light heart.
나는 평소에 몇 분간 명상하며 하루 일과를 시작한다.	I usually **get the day started** by meditating for a few minutes.
나는 본격적으로 하루 일과를 시작하기 전에 커피부터 마셔야 한다.	I need some coffee before I **get the day started**.

DAY 22 Entertainment 문화생활

064 make time for 시간을 내다

나는 아무리 바쁘게 살아도 가끔 문화생활을 하려고 노력한다.	No matter how busy I get, I try to **make time for** entertainment.
적어도 주말에는 시간을 내서라도 독서를 하려고 한다.	At least on the weekends, I try to **make time for** reading.
시간을 내서 운동을 좀 하는 것이 좋겠어.	You should **make time for** exercise.

065 blow off steam 스트레스를 풀다

문화생활을 통해서 스트레스도 풀 수 있다.	Through culture and entertainment, I can **blow off steam**.
스트레스를 해소하려고 게임을 할 때가 있다.	I sometimes play video games to **blow off steam**.
조깅을 하면 스트레스 해소에 아주 효과적이다.	Jogging is a good way to **blow off steam**.

066 feel soothing 평온하게 해 주다

연주되는 곡을 들으며 힐링이 되어서 정말 좋았다.	I liked how it **felt soothing** to hear the music.
숲속에 있으니 힐링이 되는 느낌이었어.	It **felt soothing** to be in the forest.
따뜻한 국을 먹으니 속이 편안해졌다.	The warm soup **felt soothing** to my stomach.

DAY 23 Reading Habits 독서 습관

067 get a recommendation 추천을 받다

유튜브 채널에서 추천하는 책을 골라서 산다.	I buy books by **getting recommendations** from YouTube channels.
친구한테서 음식점을 추천받았다.	I **got a recommendation** for a restaurant from a friend.
여러 가지를 추천받았지만, 난 이걸로 골랐어.	I **got lots of recommendations**, but I chose this one.

068 break down 분석하다

나는 요즘 트렌드를 분석해 놓은 서적들을 읽는다.	I read books that **break down** current trends.
우리는 실패의 원인을 분석해 봐야 해.	We should **break down** the causes for the failure.
그녀가 하나씩 분석해서 설명해 주면 이해하기가 쉽다.	It's easy to understand when she **breaks** it **down**.

069 one's thoughts on ~에 대한 본인의 생각

책을 읽고 나서 나름대로의 생각을 글로 적어 보는 경우도 있다.	After I finish a book, sometimes I write down **my thoughts on** it.
이 이슈에 대한 너의 생각을 나는 중요하게 생각해.	I care a lot about **your thoughts on** this issue.
우리는 발표에 대한 모두의 의견을 서로 들어 봤다.	We listened to **everyone's thoughts on** the presentation.

DAY 24 Book Clubs 독서 모임

070 can-do 추진력 있는, 의욕적인

추진력 있는 리더에 의해서 모임이 결성되었다.	Thanks to a **can-do** leader, we formed our club.
나는 그녀의 추진력 있는 태도를 존경한다.	I admire her **can-do** attitude.
우리는 의욕적인 지원자를 고용했다.	We hired a **can-do** applicant.

071 share one's thoughts 소감을 나누다

그동안 서로 독려하고 소감을 나누며 지내 왔다.	We have been encouraging each other and **sharing our thoughts**.
어떤 생각인지 소감을 말해 주시겠습니까?	Would you care to **share your thoughts**?
모르는 사람들 앞에서 소감을 나누는 것은 쉬운 일이 아니다.	It's not easy to **share one's thoughts** in front of strangers.

072 with a different perspective 시각이 다른

나와 다른 시각을 가진 사람들의 의견을 듣는 것이 즐겁다.	I enjoy hearing the opinions of people **with different perspectives**.
다른 시각으로 그걸 분석해 볼 사람이 필요하다.	We need someone to analyze it **with a different perspective**.
시각이 다른 사람으로부터 많은 것을 배울 수 있다.	You can learn a lot from someone **with a different perspective**.

DAY 25 Studying English 영어 공부

073 look for something to do 할 거리를 찾다

뭔가 재미있는 일을 찾다가 번뜩 영어가 떠올랐다.	When I was **looking for something to do**, I suddenly thought of English.
나도 거들고 싶어서 할 수 있는 일거리를 찾아봤다.	I wanted to help, so I **looked for something to do**.
할 일이 없어서 그러는 거라면, 내가 시킬 심부름이 있어.	If you are **looking for something to do**, I have some chores for you.

074 get down on oneself 자책하다, 우울해하다

공부를 할수록 힘들어지기 시작했다.	The more I studied, I started to **get down on myself**.
낮은 점수 때문에 너무 우울해해서는 안 된다.	You shouldn't **get down on yourself** because of a low score.
아이들이 아프면 나는 항상 자책하게 된다.	I **get down on myself** whenever my kids get sick.

075 going nowhere 전혀 진전이 없는

실력이 정체된 느낌이 들었다.	It felt like my skill level was **going nowhere**.
그 회의 전까지는 프로젝트가 제자리걸음만 반복하고 있었다.	The project was **going nowhere** until that meeting.
전혀 진전이 없는 것처럼 느껴진다면, 휴식을 취할 때가 된 것일지도 모른다.	If you feel like you are **going nowhere**, maybe it's time to rest.

DAY 26 Recitation Challenge 낭독 챌린지

076 post it on social media 소셜 미디어에 게시하다

지문을 낭독하는 영상을 찍어서 SNS에 올려요.	I record video of myself reciting the text, and **post it on social media**.
나는 음식 사진을 찍어 소셜 미디어에 게시했다.	I took a picture of the food and **posted it on social media**.
사진에 내가 잘 나오지 않아서 SNS에 올리지는 않았다.	I didn't look good in the photo, so I didn't **post it on social media**.

077 put one's own spin on 자신만의 개성을 입히다

같은 내용이라도 모두 각자의 개성에 따라 다르게 읽습니다.	Even if it's the same text, everyone **puts their own spin on** it.
재료들을 바꿔서 요리에 자신만의 개성을 입힐 수도 있다.	You can **put your own spin on** the dish by switching the ingredients.
오래된 이야기지만, 작가가 거기에 자신만의 개성을 입혔다.	It's an old story, but the author **put his own spin on** it.

078 watch something non-stop 정주행으로 시청하다

저는 그 영상들에 푹 빠져 정주행하고 있어요.	I've been **watching the videos non-stop**.
몇 년 전에 나는 그 프로그램을 정주행으로 시청했었다.	I **watched that show non-stop** a few years ago.
나는 첫 번째 시즌은 정주행으로 시청했지만, 두 번째 시즌은 그만큼 재미있지는 않았다.	I **watched the first season non-stop**, but the second season wasn't as fun.

DAY 27 Study Groups 스터디 그룹

079 get a kick out of ~을 즐기다

좋은 사람들과 만나서 얘기하는 것을 좋아한다.	I **get a kick out of** meeting great people to chat.
이 노래는 아무리 자주 들어도 좋다.	I **get a kick out of** this song, no matter how often I hear it.
아들이 이 장난감을 좋아할 것 같아.	I think your son will **get a kick out of** this toy.

080 chew the fat 수다를 떨다

좋은 사람들과 만나서 수다 떠는 것을 좋아한다.	I enjoy meeting great people to **chew the fat**.
이 카페는 수다를 떨기에 아주 좋은 곳이야.	This café is a great place to **chew the fat**.
그녀를 봐서 반가웠지만, 수다를 떨 시간이 없었다.	I was glad to see her, but I didn't have time to **chew the fat**.

081 pump someone up 의욕을 부여하다, 흥분하게 하다

어학 공부는 함께 모여서 하는 것이 동기 부여가 더 잘 된다.	It's easier to **pump myself up** for language studies when I'm in a group.
중요한 발표에 앞서 스스로 의욕을 돋우려고 해 봤다.	I tried to **pump myself up** before the important presentation.
부모님께서는 주말마다 내가 기운을 내도록 격려해 주신다.	My parents tried to **pump me up** every weekend.

DAY 28 Keeping a Blog 블로그 운영

082 do something meaningful 의미 있는 일을 하다

여유 시간에 의미 있는 일을 하고 싶었다.	I wanted to **do something meaningful** in my free time.
휴가 때 의미 있는 일을 할 수 있는 여러 가지 방법이 있다.	There are many ways to **do something meaningful** during your vacation.
우리의 결혼기념일에 뭔가 의미 있는 일을 하고 싶어.	I want to **do something meaningful** for our wedding anniversary.

083 get one's thoughts in order 생각을 정리하다

생각을 정리하는 것부터 애를 먹었다.	It was hard to **get my thoughts in order**.
일기를 쓰면 생각을 정리하는 데 도움이 된다.	Writing in my diary helps me **get my thoughts in order**.
생각을 정리하기 전에는 결정을 내리지 마.	Don't make a decision before you **get your thoughts in order**.

084 increase the number of hits 조회수를 올리다

서점에 가 보니 조회수를 늘릴 수 있는 방법이 쓰여 있는 책들이 눈에 띄었다.	At the bookstore, I found books on how to **increase the number of hits**.
그의 게시물이 내 블로그 조회수를 증가시켰다.	His post **increased the number of hits** on my blog.
조회수를 올리면 돈을 더 많이 벌 수 있다.	You can earn more money by **increasing the number of hits**.

DAY 29 Life after Retirement 퇴직 후 인생

085 post-retirement life 퇴직 후의 삶

무엇보다 퇴직 후를 대비한 경제적 준비를 하는 것이 중요하다.	Preparing financially for **post-retirement life** is most important.
친구들과 벌써부터 퇴직 후의 삶에 대해 이야기한다.	My friends and I already talk about our **post-retirement lives**.
예전에 비해 퇴직 후의 삶이 훨씬 길어졌다.	**Post-retirement life** is much longer than it used to be.

086 on the job 근무 중에

우리 아버지는 35년간의 직장 생활을 마치고 퇴직하셨다.	Our father retired after 35 years **on the job**.
근무 중에는 휴대폰을 사용할 수 없어.	I can't use my phone when I am **on the job**.
2년간 직장 생활을 한 후 학교로 돌아가기로 결심했다.	After two years **on the job**, I decided to go back to school.

087 receive a pension 연금을 수령하다

아버지는 매달 연금을 받으신다.	Our father **receives a pension** every month.
한국에서는 대부분의 사람이 연금을 받을 수 있다.	Most people in Korea can **receive a pension**.
그녀는 연금을 받는데도 일을 하고 싶어 한다.	She **receives a pension**, but she still wants to work.

088 for oneself (남의 도움을 받지 않고) 직접, 스스로

소비자가 직접 가구와 같은 물건을 조립한다.	Consumers assemble products like furniture **for themselves**.
내가 직접 보고 싶어.	I want to see it **for myself**.
내가 스스로 그 요리를 한번 해 봤다.	I tried cooking the dish **for myself**.

089 paste something together 풀로 붙이다

조각들을 자르고 붙인다.	Users cut and **paste the pieces together**.
화병을 깨뜨렸지만, 조각들을 풀로 붙일 수 있었다.	I broke a vase, but I was able to **paste the pieces together**.
아들이 종잇조각들을 풀로 붙여 꽃을 만들었다.	My son **pasted pieces of paper together** to make a flower.

090 spend quality time 뜻깊은 시간을 보내다

아이들과 함께 즐거운 시간을 보낼 수 있다.	You can **spend quality time** with your kids.
집에서 양질의 시간을 보낼 수 있는 기회라고 생각해 봐.	Try to think of it as a chance to **spend quality time** at home.
나는 휴가 기간 동안 가족들과 뜻깊은 시간을 보낼 수 있었다.	I was able to **spend quality time** with my family during my vacation.

DAY 31 Working Out 운동

091 sign up for ~에 등록하다

나는 요가 수업에 등록했다.	I **signed up for** yoga classes.
그 교수님 수업 신청했어?	Did you **sign up for** that professor's class?
우리는 모두 봉사 활동을 신청했다.	We all **signed up for** some volunteer work.

092 become a bit lazy 다소 게을러지다

나는 머지않아 다소 게을러졌다.	I soon **became a bit lazy**.
겨울에는 사람들이 다소 게을러지는 경우가 많다.	People often **become a bit lazy** in the winter.
나는 주말에 다소 게을러지는 편이다.	I usually **become a bit lazy** on weekends.

093 be out of breath 숨이 차다

숨이 찰 때까지 운동을 한다.	I exercise until I **am out of breath**.
계단을 오르고 나서 숨이 찼다.	I **was out of breath** after climbing the stairs.
너무 빨리 걸으면 이내 숨이 찰 거야.	If you walk too quickly, you will soon **be out of breath**.

DAY 32 Home Workouts 홈 트레이닝

094 feel stiff 몸이 뻐근하다

하던 운동을 안 하니, 몸이 뻐근해지기 시작했다.	Ever since I stopped exercising, my body began to **feel stiff**.
나는 아침에 일어나면 몸이 뻐근한 경우가 많다.	I often **feel stiff** when I wake up in the morning.
어제 운동을 많이 했더니 무릎이 뻐근해.	My knees **feel stiff** because I worked out a lot yesterday.

095 noise complaints 이웃 간 소음에 대한 이의 제기

층간 소음 때문에 뛰는 운동은 실내에서 하기 힘들다.	I can't run or jump indoors because of **noise complaints**.
우리는 아들 때문에 이웃들로부터 소음에 대한 불평을 듣기도 해.	We sometimes receive **noise complaints** because of our son.
(층간) 소음으로 인해 사람들끼리 다투는 경우가 자주 있다.	People often argue because of **noise complaints**.

096 doesn't cost a penny 한 푼도 들지 않다

비용이 전혀 들지 않아서 돈을 아낄 수 있다.	I can save money because it **doesn't cost a penny**.
누군가를 칭찬하는 데 비용이 드는 것도 아니잖아.	It **doesn't cost a penny** to give someone a compliment.
만약 회원이라면 돈을 전혀 안 내도 돼.	If you're a member, it **doesn't cost a penny**.

DAY 33 Workouts at the Gym 헬스장 운동

097 increase muscle mass 근육량을 늘리다

오히려 너무 말랐다고 생각해서, 근육량을 늘려 몸을 키우기를 원하는 사람들도 있습니다.	Some people feel they are too skinny, so they want to **increase muscle mass**.
나는 근육량을 늘려보려고 단백질을 많이 섭취했다.	I ate a lot of protein to **increase muscle mass**.
유산소 운동만으로 근육량을 늘릴 수는 없다.	You can't **increase muscle mass** with only cardio exercise.

098 feel sore 몸이 뻐근하다

지나친 운동은 몸의 통증을 남기게 됩니다.	Excessive exercise will leave you **feeling sore**.
어제는 멀쩡했는데, 오늘은 몸이 정말 뻐근하다.	I was fine yesterday, but I **feel** really **sore** today.
소파에서 잤더니 목이 뻐근하다.	My neck **feels sore** because I slept on the sofa.

099 take it slow and steady 천천히 꾸준히 하다

운동은 차근차근 꾸준히 하는 것이 가장 좋습니다.	It's best to **take it slow and steady** when exercising.
천천히 꾸준히 하면 더 오래 할 수 있다.	You will last longer if you **take it slow and steady**.
차근차근 꾸준히 하다 보면 언젠가는 꼭 성공할 거야.	If you **take it slow and steady**, you will succeed eventually.

DAY 34 Talking Walks 산책하기

100 right up one's alley ~의 마음에 쏙 들다

나는 산책하는 것을 매우 좋아한다.	Taking walks is **right up my alley**.
나는 이런 종류의 음악을 좋아하지 않지만, 남편은 정말 좋아한다.	I don't like this kind of music, but it is **right up my husband's alley**.
액션을 좋아한다면 이 영화가 취향에 딱 맞을 거야.	If you like action, this movie will be **right up your alley**.

101 take off from work 퇴근하다

일찍 퇴근을 하면 동네 아파트 단지 주변을 산책한다.	I walk around my neighborhood when I **take off from work** early.
너무 바빠서 퇴근할 수 없었다.	I was too busy to **take off from work**.
퇴근하기 전에 이 보고서를 완성해야 해.	I need to finish this report before I **take off from work**.

102 help with digestion 소화를 돕다

산책을 하면 소화에 도움이 된다.	Taking walks **helps with digestion**.
물을 많이 마시면 소화에 도움이 된다.	Drinking lots of water can **help with digestion**.
음식을 오랫동안 씹으면 소화가 더 잘된다.	Chewing food for a long time **helps with digestion**.

DAY 35 Hiking 등산

103 twenty-something 20대의 사람

요즘은 등산객들 중 20대가 절반 이상인 것 같다.	These days more than half of all hikers are **twenty-somethings**.
온통 20대들만 있어서 나는 들어가고 싶지 않았다.	I did not want to go in because there were only **twenty-somethings**.
나는 20대 때 여행을 더 다닐 걸 그랬어.	I wish I had traveled more when I was a **twenty-something**.

104 specialized equipment 특수 장비

등산을 갈 때 특수 장비가 필요하지는 않다.	You do not need any **specialized equipment** to go hiking.
이걸 고치려면 특수 장비가 필요해.	I need some **specialized equipment** to fix this.
요즘은 별다른 특수 장비 없이도 훌륭한 사진을 찍을 수 있다.	You don't need any **specialized equipment** to take good pictures these days.

105 first-timer 초심자, 초보자

초심자들도 쉽게 등산을 즐길 수 있다.	Even **first-timers** can easily enjoy hiking.
초보자라도 운만 따라준다면 이길 수 있다.	Even a **first-timer** can win if he or she is lucky.
화를 내기 전에 그가 초보라는 사실을 잊지 마.	Before you get angry, remember that he is a **first-timer**.

DAY 36 Cycling 자전거 타기

106 work up a sweat 운동하다, 땀을 흘리다

자전거를 타며 운동했다.	I **worked up a sweat** by riding my bicycle.
운동을 할 계획이었지만, 너무 피곤했다.	I was planning to **work up a sweat**, but I was too tired.
보통 땀을 흘리고 나면 곧바로 샤워해.	I usually take a shower right after I **work up a sweat**.

107 feel refreshed 기분이 상쾌하다

이렇게 운동하고 나니 기분이 매우 상쾌했다.	After exercising this way, I **felt refreshed**.
산책하면 기분이 상쾌해질 수 있다.	Taking walks can make you **feel refreshed**.
비가 오면 기분이 상쾌하다.	**I feel refreshed** when it rains.

108 go overboard 무리하다, 과하게 하다

자전거 타기는 큰 부담 없이 운동할 수 있는 정말 좋은 방법이다.	Biking is a great way to exercise without **going overboard**.
그녀는 선물을 살 때 항상 무리한다.	She always **goes overboard** with buying gifts.
무리해서 과하게 사는 것을 방지하려고 장을 보러 가기 전에는 식사한다.	I eat before I go grocery shopping, to avoid **going overboard**.

DAY 37 Pilates 필라테스

109 a dime a dozen 매우 흔한

대도시 주변을 둘러보면, 필라테스 강습소들을 매우 쉽게 찾아볼 수 있다.
In major cities, Pilates studios are **a dime a dozen**.

예전에는 이 스타일이 흔하지 않았는데, 이제는 아주 흔하다.
This style was rare, but now it's **a dime a dozen**.

이 도시에는 커피숍이 아주 많다.
Coffee shops in this city are **a dime a dozen**.

110 in small groups 소수 인원으로

대부분의 강습이 개인 레슨이나 소규모로 이루어진다.
Most classes are private lessons or held **in small groups**.

우리는 소모임을 형성해 공부했다.
We gathered **in small groups** to study.

팬들이 대부분 삼삼오오 모여서 도착했다.
Most of the fans arrived **in small groups**.

111 chronic pain 만성 통증

특히 허리나 어깨 부위에 만성 통증이 있는 사람들에게 매우 좋다.
It's especially good for people with **chronic pain** in their back or shoulders.

만성 관절 통증 때문에 약을 복용한다.
I take medication for **chronic pain** in my joints.

나이가 들면서 만성 통증이 생겼다.
I developed **chronic pain** as I grew older.

DAY 38 Yoga 요가

112 call it quits 포기하다

요가가 처음에는 힘들었지만, 그래도 포기하지 않았다.
Yoga was difficult at first, but I didn't **call it quits**.

나는 너무 답답해서 포기하고 싶었다.
I was so frustrated that I wanted to **call it quits**.

날이 어두워져서 우리는 그만두기로 했다.
It got dark, so we decided to **call it quits**.

113 take time for introspection 스스로 돌이켜 볼 시간을 갖다

온전히 나와 만나는 시간을 갖는 것은 값진 경험이었다.
Taking time for introspection was a valuable experience.

사람들은 아무리 바빠도 스스로 돌이켜 볼 시간을 가질 필요가 있다.
People should **take time for introspection**, no matter how busy they are.

나는 매일 밤 명상을 하고 스스로 돌이켜 보는 시간을 갖는다.
I meditate and **take time for introspection** every evening.

114 gift that keeps on giving 계속해서 유익한 것

요가를 통한 내면의 평화는 일상의 선물이 되었다.
Inner peace through yoga has become a **gift that keeps on giving**.

헬스장 회원권이 계속해서 유익한 선물이 되었다.
The gym membership became a **gift that keeps on giving**.

이 영화는 아무리 여러 번 봐도 매번 재미있다.
This movie is a **gift that keeps on giving**.

DAY 39 Swimming 수영

115 dip one's toes (처음으로) 경험해 보다

수영을 처음 배우는 학생들이 있다.	There are students **dipping their toes** for the first time.
예전에 골프를 조금 쳐 봤는데, 별로 재미없었다.	I **dipped my toes** in golf before, but I didn't like it.
주식 투자를 해 보기로 결정했다.	I decided to **dip my toes** in stock investments.

116 take up 배우다, 시작하다

수영을 처음 시작하면 통증을 느끼는 경우가 있다.	People might experience pain when they first **take up** swimming.
살을 빼기 위해 조깅을 시작했다.	I **took up** jogging to lose weight.
그녀는 노년에 영어 수업을 듣기 시작했다.	She **took up** English lessons in her old age.

117 warm up 몸을 풀다

미리 충분한 스트레칭을 통해 준비 운동을 하는 것이 중요하다.	It's important to **warm up** by stretching in advance.
몸을 풀지 않아서 다리에 쥐가 났다.	I got a cramp in my leg because I didn't **warm up**.
겨울에는 몸을 푸는 것이 특히 더 중요하다.	**Warming up** is especially important in the winter.

DAY 40 10,000 Steps Per Day 하루 만 보 걷기

118 keep track of ~을 기록하다, 관리하다

주변에 매일 몇 걸음을 걸었는지 확인하는 사람이 많다.	A lot of people I know **keep track of** how many steps they have taken each day.
그녀는 하루 종일 주가 동향을 살핀다.	She **keeps track of** stock prices all day.
나는 앱을 사용해 체중을 관리한다.	I use an app to **keep track of** my weight.

119 veg out 빈둥거리다, 멍 때리다

주말에는 빈둥거리는 것을 좋아한다.	I like to **veg out** on weekends.
나는 너무 피곤해서 아무것도 하고 싶지 않았다.	I was so tired that I only wanted to **veg out**.
오늘 밤도 또 빈둥거릴 것이 아니라 운동을 꼭 해야겠어.	I should work out tonight, instead of **vegging out** again.

120 get one's steps in 목표한 발걸음 수를 채우다

밖에서 목표한 걸음 수를 걷지 못할 때도 있었다.	Sometimes, I couldn't **get my steps in** outside.
목표한 발걸음 수를 채우려면 걸어서 퇴근해야 한다.	I have to walk home from work to **get my steps in**.
출장 중에는 목표한 발걸음 수를 채우지 못했다.	I wasn't able to **get my steps in** during my business trip.

DAY 41 Companion Animals 반려동물

121 walk one's dog 반려견을 산책시키다

강아지를 데리고 산책하는 사람을 많이 볼 수 있다.	I see a lot of people **walking their dogs**.
나는 매일 반려견을 산책시키면서 살을 많이 뺐다.	I lost a lot of weight by **walking my dog** every day.
요즘은 반려견을 대신 산책시켜주는 사람을 고용할 수도 있다.	These days, you can hire someone to **walk your dog** for you.

122 a wide variety of 다양한, 다채로운

사람들이 키우는 애완동물의 종류가 더 다양해졌다.	There is **a wider variety of** animals people have as pets.
리조트에서 다양한 활동을 제공했다.	**A wide variety of** activities were offered at the resort.
나는 다양한 주제에 대해 관심을 갖고 있다.	I am interested in **a wide variety of** topics.

123 a sense of responsibility 책임감

반려동물을 키우려면 강한 책임감이 필요하다.	Raising a pet requires **a strong sense of responsibility**.
나는 하고 싶지 않았지만, 책임감을 느껴 결국 했다.	I didn't want to do it, but I did it out of **a sense of responsibility**.
아들 덕분에 나는 책임감이 더욱 강해졌다.	**My sense of responsibility** has grown, thanks to my son.

DAY 42 Raising Fish at Home 물고기 기르기

124 have the guts to 엄두를 내다, 용기를 갖다

강아지나 고양이는 키울 엄두가 나지 않았다.	I didn't **have the guts to** raise a dog or a cat.
도저히 그녀에게 말할 엄두가 안 났다.	I didn't **have the guts to** tell her the truth.
한번 해 볼 용기를 가진 사람이 그녀밖에 없었다.	She was the only person who **had the guts to** do it.

125 suitable environment 적절한 환경

물고기는 생활할 수 있는 적절한 환경이 필요하다.	Fish need a **suitable environment** to live in.
아이들이 있기에 적합한 환경은 아니다.	It's not a **suitable environment** for kids.
나는 적절한 환경에 있지 않으면 공부가 잘 안된다.	I can't study unless I am in a **suitable environment**.

126 don't know where the time goes 시간 가는 줄 모르다

그 모습을 계속 보고 있으면 시간 가는 줄 모를 때도 있다.	Sometimes, I **don't know where the time goes** as I watch them.
나는 너와 함께 있으면 시간 가는 줄 모르겠어.	**I don't know where the time goes** when I am with you.
영어 공부를 하다 보면 시간 가는 줄 모르겠다.	**I don't know where the time goes** when I am studying English.

DAY 43 Raising Plants 화분 기르기

127 high-maintenance 손이 많이 가는, 신경을 많이 써야 하는

선물 받은 식물은 크게 신경 써야 하는 화분이 아니었습니다.
The plant I received was not a **high-maintenance** plant.

그것은 손이 많이 가는 종류의 일이다.
It's a **high-maintenance** type of job.

우리 남편은 신경을 많이 써 줘야 하는 스타일이야.
My husband is very **high-maintenance**.

128 be held spellbound 신기해하다, 넋을 잃고 바라보다

새순이 돋은 것을 보고 너무 신기했습니다.
I **was held spellbound** when I saw new buds emerging.

어렸을 때 처음으로 바다를 봤을 때, 상당히 신기했다.
When I first saw the ocean as a kid, I **was held spellbound**.

관객들은 넋을 잃고 공연을 관람했다.
The audience **was held spellbound** by the performance.

129 a sense of gratification 흐뭇함, 뿌듯함

작은 화분이 크는 것을 보면서, 왠지 모르게 흐뭇한 느낌이 듭니다.
Watching the small potted plants grow, I get **a sense of gratification**.

나는 운동을 하고 나면 뿌듯함이 느껴진다.
I get **a sense of gratification** after I work out.

아들이 내게 감사하다고 인사하면, 부모로서 흐뭇해진다.
As a parent, I feel **a sense of gratification** when my son thanks me.

DAY 44 Manicure and Pedicure 네일 아트

130 have an opening 비는 시간이 있다

주말에 시간이 생겼다.
I **had an opening** during the weekend.

다행히 미용실에 비는 시간이 있었다.
Thankfully, the salon **had an opening**.

비는 시간이 있을 때마다 운동하려고 한다.
I try to exercise whenever I **have an opening**.

131 get one's nails done 네일 관리를 받다

그만큼 사람들이 네일 관리를 즐겨 받는다는 말이 된다.
It shows that people enjoy **getting their nails done**.

나는 한 달에 한 번씩 네일 관리를 받는다.
I **get my nails done** once a month.

너는 네일 관리를 어디서 받니?
Where do you go to **get your nails done**?

132 a change of pace 기분 전환

또한 기분 전환을 할 수 있는 좋은 방법이다.
It's also a good way to enjoy **a change of pace**.

기분 전환을 위해 새로운 음식점에 가 봤다.
I went to a new restaurant for **a change of pace**.

기분 전환이 필요할 때는 여행을 즐긴다.
I like to travel when I need **a change of pace**.

DAY 45 Musicals 뮤지컬

133 be called off 취소되다

작년에는 코로나19 때문에 많은 공연이 취소되었다.	Last year, a lot of shows **were called off** because of COVID-19.
회의가 갑작스럽게 취소되었다.	The meeting **was called off** suddenly.
날씨 때문에 소풍이 취소되었다.	The picnic **was called off** because of the weather.

134 box office clout 티켓 파워, 흥행 능력

그 뮤지컬에는 티켓 파워가 있는 배우가 출연한다.	There is an actor with a lot of **box office clout** in that musical.
그녀의 티켓 파워가 강해서 표가 빠르게 매진된다.	She has a lot of **box office clout**, so tickets get sold out very quickly.
그의 티켓 파워 덕분에, 그 영화에 그는 카메오로 출연했다.	He appeared as a cameo in the movie because of his **box office clout**.

135 sell out quickly 빨리 매진되다

공연 표가 일찍 매진될 수 있다.	The show can **sell out quickly**.
그녀의 티켓 파워가 강해서 표가 빠르게 매진된다.	She has a lot of box office clout, so tickets get **sold out very quickly**.
경기 표가 빨리 매진되는 것 같다.	The tickets for the game tend to **sell out quickly**.

DAY 46 Art Classes 미술 학원

136 get in a state 크게 걱정하다, 안달하다

처음에 미술 학원을 시작할 때만 해도 걱정이 많았다.	When I first started offering art classes, I **got in a state**.
아직 너무 크게 걱정할 필요는 없어.	There is no need to **get in a state** yet.
나는 내려야 할 정거장을 놓치는 바람에 안달이 났다.	I **got in a state** because I missed my stop.

137 realize a childhood dream 어린 시절 꿈을 이루다

어렸을 때 가졌던 꿈을 이루기 위해 그림을 배우는 사람들도 있다.	Some learn art to **realize a childhood dream**.
이곳에 온 것은 나의 어린 시절 꿈을 하나 이루는 것이야.	For me, coming here is **realizing a childhood dream**.
그는 어릴 적 꿈을 이루고 싶은 것 같아.	I think he wants to **realize a childhood dream**.

138 immerse oneself in ~에 몰입하다

어떤 사람은 뭔가에 몰입해 보고 싶어서 미술을 배운다.	Some learn art because they want to **immerse themselves in** something.
나는 잠들기 전에 나만의 생각에 빠질 때가 많다.	I often **immerse myself in** my thoughts before I go to sleep.
난 비가 오는 주말에는 책에 푹 빠져드는 것을 정말 좋아해.	I like to **immerse myself in** a book on rainy weekends.

DAY 47 Calligraphy 캘리그래피

139 write by hand 손으로 쓰다

캘리그래피는 손으로 직접 글을 쓰는 것이다.	Calligraphy is the act of **writing by hand**.
나는 초청장들을 손글씨로 직접 썼다.	I **wrote** the invitations **by hand**.
요즘 아이들은 손으로 뭔가를 쓰는 경우가 드물다.	Kids these days rarely **write** anything **by hand**.

140 distract oneself 기분 전환을 하다

캘리그래피는 기분 전환에 도움이 된다.	Calligraphy is a good way to **distract yourself**.
나는 속이 상해서 기분 전환할 뭔가가 필요했다.	I was upset and I needed something to **distract myself**.
나는 기분 전환을 할 겸 만화책을 읽을 때가 있다.	I sometimes read comic books to **distract myself**.

141 pick up something as a hobby 취미로 하게 되다

요즘 캘리그래피를 취미로 하는 사람이 점점 많아지고 있다.	More and more people are **picking up calligraphy as a hobby** these days.
아들이 취미로 테니스를 좀 배워봤으면 좋겠다.	I wish my son would **pick up tennis as a hobby**.
나는 최근에 요가를 취미 삼아 시작했다.	I recently **picked up yoga as a hobby**.

DAY 48 Reselling Culture 리셀 문화

142 investment strategy 재테크 전략

젊은 층은 새로운 재테크 방법을 찾게 되었다.	Many younger people have started looking for new **investment strategies**.
내 친구들은 전부 재테크 전략에 대한 유튜브 영상을 시청한다.	My friends all watch YouTube videos about **investment strategies**.
탄탄한 투자 전략 없이 주식에 투자하는 것은 바람직하지 않다.	You should not invest in stocks without a good **investment strategy**.

143 earn a tidy profit 상당한 수익을 실현하다

일부 리셀러는 물건을 싼 가격에 사서, 더 높은 가격에 되팔아 상당한 수익을 보기도 한다.	Some re-sellers buy items cheap and sell them at higher prices, **earning a tidy profit**.
SNS에 상품을 홍보해서 상당한 수익을 보는 사람들이 있다.	Some people **earn a tidy profit** by endorsing products on social media.
그 주식을 매입한 사람들은 상당한 돈을 벌었다.	People who bought that stock **earned a tidy profit**.

144 come to one's defense ~을 옹호하다

이러한 행태를 비판적으로 보는 시각도 있지만, 옹호하는 시각도 있다.	Some people frown upon this type of behavior, but others **come to its defense**.
회의에서 아무도 그를 옹호해 주지 않았다.	Nobody **came to his defense** at the meeting.
부모님께서 화를 내시면 누나들이 항상 내 편을 들어줬다.	My sisters always **came to my defense** whenever my parents got angry.

DAY 49 TED (Technology, Entertainment, Design) 테드 강연 듣기

145 provide useful information 유용한 정보를 제공하다

강연자들은 이러한 주제들과 관련된 유익한 내용을 대중들에게 전한다.	Lecturers **provide useful information** to audiences on these topics.
내가 힘들어할 때마다 그녀는 유용한 정보를 준다.	She always **provides useful information** when I am struggling.
안내 책자에는 별다른 유용한 정보가 없어.	The pamphlet doesn't **provide useful information**.

146 clock in at ~의 시간을 기록하다

각 강연은 18분 이내에 이루어진다.	Each lecture **clocks in at** 18 minutes or less.
영화가 3시간이나 되지만, 훨씬 짧게 느껴졌어.	The movie **clocks in at** 3 hours, but it felt much shorter.
조리 시간이 15분밖에 걸리지 않는다.	The recipe **clocks in at** just fifteen minutes.

147 native tongue 자국어, 모국어

많은 자원봉사자가 강연에 자국어로 자막을 달아 제공한다.	Many volunteers provide subtitles in their **native tongue**.
나는 모국어로 된 책이 아니면 읽기가 힘들어.	It's hard to read books that aren't in my **native tongue**.
그녀의 모국어가 아니기 때문에, 말을 느릿느릿 한다.	It's not her **native tongue**, so she speaks slowly.

DAY 50 Making Friends Overseas 해외 친구 사귀기

148 shoot the breeze 수다를 떨다

저는 1년 전부터 언어 교환 앱으로 외국인 친구들과 대화를 나누고 있습니다.	I started using language exchange apps a year ago to **shoot the breeze** with friends overseas.
지금 한가하게 수다를 떨 시간이 없다.	I don't have time to **shoot the breeze** right now.
우리는 한동안 수다나 떨려고 카페에서 만났다.	We met at a café to **shoot the breeze** for a while.

149 keenly interested in ~에 관심이 많은

앱에서 만난 외국 친구들은 대부분 K-pop에 관심이 많습니다.	Most of the foreign friends I've met through the app are **keenly interested in** K-pop.
고등학교 시절에 나는 세계사에 관심이 많았었다.	I was **keenly interested in** world history during high school.
우리 엄마는 연세가 많으시지만, 여전히 영어 공부에 관심이 많으시다.	My mother is quite old, but she is still **keenly interested in** learning English.

150 make oneself understood 의사 전달을 하다

처음에는 영어로 소통하는 것이 힘들었습니다.	It was hard to **make myself understood** in English at first.
사람들이 내 말을 들을 수 있도록 더 큰 목소리로 말했다.	I spoke more loudly to **make myself understood**.
잘 만든 슬라이드는 의사 전달을 하는 데 도움이 될 수 있다.	Good slides can help you **make yourself understood**.

DAY 51 TV Shows 방송 프로그램

151 hot topic 화제

세간에 화제가 되고 있는 사건들에 대해 알 수 있다.
I can learn about events that are **hot topics**.

지난 달에는 그들의 결혼식이 화젯거리였다.
Their wedding was a **hot topic** last month.

한동안 화제였지만, 사람들은 이내 잊어버렸다.
It was a **hot topic** for a while, but people soon forgot.

152 hot ticket 유행하는 것

최근 가장 유행하는 방식은 관찰 예능이다.
Nowadays, observational entertainment is the **hot ticket**.

요즘 그 카페가 유행하고 있어.
That café is a **hot ticket** these days.

작년에 그 뮤지컬이 크게 흥행했다.
The musical was a **hot ticket** last year.

153 day-to-day 일상적인

이 방식에서는 출연자의 평소 생활하는 모습이 촬영된다.
In this format, the **day-to-day** activities of the cast are filmed.

커피를 내리는 것은 나의 일상 중 한 부분이다.
Making coffee is part of my **day-to-day** routine.

사람들은 유명인들의 일상적인 생활에도 관심을 갖는다.
People are interested in the **day-to-day** activities of celebrities.

DAY 52 Watching TV TV 시청 습관

154 have something on 틀어 놓다

밥을 먹을 때 TV를 틀어 놓는 것을 좋아한다.
I like to **have the TV on** when I eat.

운전을 할 때는 주로 라디오를 틀어 놓는다.
I usually **have the radio on** when I drive.

너무 더워서 에어컨을 하루 종일 틀어 놓았다.
It was so hot that we **had the air conditioning on** all day.

155 original broadcast 본방송

본방송을 놓치는 경우도 있다.
Sometimes I miss the **original broadcast**.

내가 가장 좋아하는 프로그램이라 본방송을 놓친 적이 없다.
It's my favorite show, and I've never missed an **original broadcast**.

본방송을 놓쳐서 재방송을 할 때까지 기다려야 했다.
I missed the **original broadcast**, so I had to wait for a re-run.

156 tune in to ~을 시청하다, 청취하다

시청자들은 채널 수백 개를 받아 볼 수 있다.
Viewers can **tune in to** hundreds of channels.

볼 것이 따로 없으면 주로 뉴스를 시청한다.
When there's nothing to watch, I usually **tune in to** the news.

나는 오후에 그 라디오 프로그램을 즐겨 듣는다.
I often **tune in to** that radio show in the afternoon.

DAY 53 TV Dramas TV 드라마

157 the talk of the town 화제

화제가 되는 드라마만 골라서 본다.	I only watch the dramas that are **the talk of the town**.
그녀의 신간 서적이 한창 화제이다.	Her new book is **the talk of the town**.
한때는 큰 화제였지만, 이제는 누구도 관심을 갖지 않는다.	It was once **the talk of the town**, but now nobody cares.

158 it's worth it 그럴 가치가 있다

돈을 조금 내야 하지만, 그 정도 금액은 얼마든지 낼 수 있다.	You do have to pay a little, but **it's worth it**.
좀 기다려야 할 수도 있지만, 그럴 만한 가치가 있다.	You might have to wait a while, **it's worth it**.
실수를 하더라도 그로 인해 교훈을 얻는다면 가치가 있는 것이다.	Even if you make a mistake, **it's worth it** if you learn something.

159 runaway hit 큰 인기를 누리는 작품

스트리밍 서비스에 공개되는 한국 드라마도 큰 인기몰이를 하는 경우가 많다.	Korean shows released through streaming services often become **runaway hits**.
평론가들의 호평 덕분에 영화는 큰 인기몰이를 했다.	The movie became a **runaway hit** thanks to positive reviews.
나는 그 앨범이 큰 인기를 누릴 거라고 예상했다.	I knew the album would become a **runaway hit**.

DAY 54 News Programs 뉴스 프로그램

160 keep up with the news 뉴스에 관심을 갖다

언제든지 핸드폰으로 뉴스를 쉽게 시청할 수 있게 되었다.	It's become easy to **keep up with the news** by phone.
너무 바빠서 뉴스에 관심을 기울일 겨를이 없었어.	I have been so busy that I haven't been able to **keep up with the news**.
나는 보통 SNS를 통해 뉴스를 접한다.	I usually **keep up with the news** through social media.

161 pay close attention to ~에 관심을 기울이다

정치 뉴스를 눈여겨본다.	I **pay close attention to** political news.
주의를 기울여 하지 않으면 다칠 수도 있어.	If you don't **pay close attention to** what you are doing, you might get hurt.
이번 장은 아주 중요하니 특별히 관심을 기울이도록 해.	You should **pay close attention to** this chapter, since it is very important.

162 goings-on 이런저런 일

전 세계에서 일어나는 이런저런 일들에 대해 알고 있는 것이 중요한 것 같다.	I think it's important to know about **goings-on** around the world.
친구가 고향의 이런저런 소식들을 전해줬다.	My friend told me about the **goings-on** in our hometown.
회사 내의 이런저런 소식에 대해서는 그녀가 잘 알아.	She knows about all the **goings-on** around the office.

DAY 55 Talent Competition Programs 오디션 프로그램

163 innate gift 천부적인 재능

천부적인 재능을 가진 인재를 발굴하는 오디션 프로그램들이 있다.
There are audition programs to find people with an **innate gift**.

그녀에게는 천부적인 재능이 있지만, 연습이 부족하다.
She has an **innate gift**, but she doesn't practice enough.

대부분의 성공한 음악인은 천부적인 재능을 가지고 있다.
Most successful musicians have an **innate gift**.

164 have a say 의견이 반영되다

시청자들은 본인의 의견이 반영되기 때문에 이런 프로그램을 좋아한다.
Viewers like these programs because they can **have a say**.

어디서 식사를 할지 정할 때 내 의견은 반영되지 않았다.
I didn't **have a say** when we decided where to eat.

의견이 반영되기를 원한다면 투표를 해야 해.
If you want to **have a say**, you should vote.

165 get behind 지지하다

팬들은 해당 프로그램에 나온 음원을 구매함으로써 본인이 원하는 출연자들을 지지한다.
Fans **get behind** the contestants they like by buying music from the program.

그의 말을 들어 봤지만, 그의 아이디어를 지지할 수 없었다.
I listened to him, but I couldn't **get behind** his idea.

훌륭한 리더들은 사람들이 자신을 지지하도록 설득할 수 있다.
Good leaders can convince people to **get behind** them.

DAY 56 Reality TV Programs 리얼리티 TV 프로그램

166 diverse 다양한

요즘 한국에서 리얼리티 TV 프로그램이 매우 다양해지고 있습니다.
Reality TV programs are becoming very **diverse** in Korea these days.

요즘 다양한 TV 프로그램을 볼 수 있어서 정말 좋다.
It's nice that we can watch **diverse** TV programs these days.

그 나라는 다채로운 지형적 특징을 가지고 있다.
The country has a **diverse** geography.

167 get a bit old 조금 식상해지다

그 방송들은 조금씩 식상해지기 시작했습니다.
They started to **get a bit old**.

그 형식이 조금 식상해지기 시작했다.
The format is starting to **get a bit old**.

구내식당 음식만 먹기가 조금 식상해졌다.
Eating only the food at the cafeteria is **getting a bit old**.

168 all the rage 엄청난 인기

요즘 리얼리티 요리 프로그램이 아주 인기입니다.
Reality cooking programs are **all the rage** these days.

청소년들 사이에서 모바일 게임이 매우 유행이다.
Mobile games are **all the rage** among teenagers.

요즘 유기농 음식이 큰 인기이다.
Organic foods are **all the rage** nowadays.

DAY 57 Old TV Dramas 예전 TV 드라마

169 reminisce about 추억하다

인터넷에 올라온 영상들을 보며 추억에 젖기도 한다.	When I watch the videos online, I **reminisce about** the past.
우리는 만나면 주로 좋았던 옛 시절을 회상한다.	When we meet, we usually **reminisce about** the good old days.
나이가 들수록 과거를 추억하는 일이 많아지는 것 같아.	The older I get, the more I **reminisce about** the past.

170 lose track of the time 시간 가는 것을 잊다

나는 영상을 보면 시간 가는 줄 모르게 된다.	I **lose track of the time** when I watch video clips.
어찌나 재미있었는지 나는 시간 가는 줄도 몰랐다.	I was having so much fun that I **lost track of the time.**
시험을 보면서 시간 관리를 제대로 못 했어.	I **lost track of the time** while I was taking the test.

171 take it for granted 당연하게 생각하다

당시에는 그들이 영원히 TV에 나올 것 같은 느낌이 들었다.	We **took it for granted** that they would always be on TV.
부모님께서 항상 내 곁에 있어 주실 거라고 너무 당연하게 생각했다.	I **took it for granted** that my parents would always be there for me.
당연하게 생각하지 말고 감사한 줄 알아야 해.	You should not **take it for granted** and be more thankful.

DAY 58 Radio 라디오

172 a golden age of ~의 전성기

그야말로 플랫폼 전성시대입니다.	It's **a golden age of** media platforms.
요즘은 구독 서비스의 전성기다.	It's **a golden age of** subscription services these days.
우리는 정보의 바다 속에 살고 있다.	We live in **a golden age of** information.

173 bond with ~와 유대감을 형성하다

라디오 방송을 들으면서 다른 청취자들과 강한 유대감이 형성됩니다.	You can **bond with** the other listeners when you tune in to a radio show.
아이들과 유대감을 형성할 시간이 더 많았으면 좋겠다.	I wish I had more time to **bond with** my kids.
그 프로젝트를 수행하면서 우리는 정말로 서로 끈끈한 유대감이 생겼다.	We really **bonded with** each other during that project.

174 analog charm 아날로그 감성, 매력

라디오는 오래된 미디어지만, 나름대로의 독특한 아날로그 감성이 있다.	Radio is an old medium, but its **analog charm** is unique.
최신 제품이 더 낫긴 하지만, 그런 아날로그 매력은 가지고 있지 않아.	A new product is better, but it doesn't have that **analog charm.**
카세트 플레이어는 독특한 아날로그 감성의 매력이 있다.	Cassette players have a certain **analog charm.**

DAY 59 Stars in the Entertainment Industry 연예계 스타

175 be through with ~을 끝내다, 더 이상 ~하지 않다

내가 연예인을 막 좋아하는 건 10대 때가 마지막일 거라고 생각했었다.	I thought I **was through with** following celebrities since my teenage years.
대학 졸업 후 다시는 공부를 하지 않아도 될 줄 알았어.	I thought after college, I would **be through with** studying.
그거 다 끝나면 나 좀 도와줄 수 있어?	Can you help me when you **are through with** that?

176 flip through the channels (무심코) 채널을 돌리다

평소처럼 무심코 TV 채널을 돌리다가 그들이 공연하는 모습을 보았다.	I was **flipping through the channels** when I saw them performing
채널만 돌려보지 말고 가서 책이라도 좀 봐.	Instead of **flipping through the channels**, go read a book.
퇴근 후에는 한동안 TV를 보는 것을 좋아한다.	After work, I like to **flip through the channels** for a while.

177 shatter one's perception 편견을 깨다

첼로가 밴드 음악과 어울리지 않을 것이라는 편견을 완벽하게 깬 엄청난 무대였다.	The performance **shattered my perception** that cellos aren't fit for band music.
액션 영화가 어떤 것인지에 대한 편견을 깨버린 작품이었어.	The movie **shattered my perception** of what an action movie could be.
책을 읽고 그 사람에 대한 편견이 깨졌어.	The book **shattered my perception** of that person.

DAY 60 AI Chatbot ChatGPT 인공지능 챗봇 챗GPT

178 state-of-the-art 최첨단의

ChatGPT는 인공지능을 기반으로 만들어진 최첨단 언어 모델이다.	ChatGPT is a **state-of-the-art** language model based on artificial intelligence.
새로 나온 휴대폰에는 최첨단 카메라가 장착되어 있다.	The new phone has a **state-of-the-art** camera.
집안의 모든 가전제품이 최신 제품이다.	All of the appliances in the house are **state-of-the-art**.

179 a game-changer 상황을 뒤엎는 혁신

영어 공부와 같은 언어 학습 영역에서 게임 체인저 역할을 하고 있다.	It is acting as **a game-changer** areas of language learning, such as English studies.
나는 스마트폰의 영향력이 그렇게 커질 거라고 생각하지 못했다.	I didn't know that smartphones would become such **a game-changer**.
그 소프트웨어는 내가 일하는 분야를 크게 흔들 정도의 엄청난 혁신이다.	The new software is **a game-changer** in my field of work.

180 provide clear explanations 명확한 설명을 해 주다

ChatGPT는 각종 영어 표현에 대해 시원한 설명을 해 준다.	ChatGPT **provides clear explanations** about various English expressions.
사용 설명서에 명확한 설명이 나와 있지 않다.	The manual doesn't **provide clear explanations**.
문의 사항이 있으면 웹사이트에 명확한 설명이 제공되고 있다.	Their website **provides clear explanations** if you have any questions.

EBS
영어 학습
시 리 즈